Psychotherapeutische Dialoge

Herausgegeben von Uwe Britten

Georg Milzner / Michael Utsch

Religiöse und spirituelle Sinnsuche in der Psychotherapie

Georg Milzner und Michael Utsch
im Gespräch mit Uwe Britten

Mit 2 Abbildungen

Vandenhoeck & Ruprecht

Bibliografische Information der Deutschen Nationalbibliothek:
Die Deutsche Nationalbibliothek verzeichnet diese Publikation in der
Deutschen Nationalbibliografie; detaillierte bibliografische Daten sind
im Internet über http://dnb.de abrufbar.

© 2019, Vandenhoeck & Ruprecht GmbH & Co. KG,
Theaterstraße 13, D-37073 Göttingen
Alle Rechte vorbehalten. Das Werk und seine Teile sind urheberrechtlich
geschützt. Jede Verwertung in anderen als den gesetzlich zugelassenen Fällen
bedarf der vorherigen schriftlichen Einwilligung des Verlages.

Umschlagabbildung: dalinas/shutterstock.com

Texterfassung: Regina Fischer, Dönges
Korrektorat: Edda Hattebier, Münster; Peter Manstein, Bonn
Satz: SchwabScantechnik, Göttingen
Druck und Bindung: ⊕ Hubert & Co. BuchPartner, Göttingen
Printed in the EU

Vandenhoeck & Ruprecht Verlage | www.vandenhoeck-ruprecht-verlage.com

ISSN 2566-753X
ISBN 978-3-525-40496-6

Inhalt

Vom menschlichen Wissen und Nicht-Wissen 11
Vorstellungen von Wissen und Glauben 12
Suggestionen 21

**Religion, Spiritualität, Transzendenz, Sinnsuche –
Begrifflichkeiten** 31
Auftragsklärung: Worüber reden wir? 32
Wahrheiten 44

Akzeptanz gegenüber spirituellen Weltbildern 67
Religiöse versus therapeutische Deutungen 68
Was hilfreich ist 82

**Von zweifelnden Gläubigen und
nicht zweifelnden Atheisten** 91
Achtsamkeit 92
Sinnsuche und Sinngebung 104
Neurowissenschaften: Grundlegung oder Banalisierung? ... 117

Zwischen Evidenzbasierung und kreativer Intuition 127
Spirituelle Interventionen? 128
Zur Reintegration spiritueller Vorstellungen in die
Psychotherapie 133

Ausgewählte Literatur 142

Münster, Dezember 2017: In der Kirchstraße treffen sich Prof. Dr. Michael Utsch und Georg Milzner, um ein Gespräch über Religiosität, Spiritualität und menschliche Sinnsuche in therapeutischen Settings zu führen. Auch wenn Menschen- und Weltbilder während einer Psychotherapie häufig nicht offen ausgesprochen oder sogar bewusst zurückgehalten werden, so spielen Grundannahmen über die Welt und das Leben für alle Menschen eine wichtige Rolle. Weltkonstruktionen können dabei säkular oder religiös-spirituell geprägt sein, jeder Mensch aber, der sich gerade in einer Lebenskrise als tragfähig bewähren muss, benötigt Werte und sucht nach Sinn.

Mit dem Zeitalter der Aufklärung wurden die religiösen Vorstellungen von einem menschlichen Weiterleben im Jenseits und erst recht die eines personifizierten Gottes in diesem Jenseits schwer erschüttert. Sigmund Freud sprach Anfang des 20. Jahrhunderts von der Religion als einer kollektiven Neurose. Die meisten psychotherapeutischen Schulen lehnten auch in den Folgejahrzehnten spirituelle Jenseitskonstruktionen ab.

Gleichzeitig machen Therapeutinnen und Therapeuten nach wie vor die Beobachtung, dass spirituelle Sinnkonstruktionen des menschlichen Lebens viele ihrer Klientinnen und Klienten prägen, stabilisieren und leiten. Konstatiert wird, dass es ein tiefes menschliches Bedürfnis gebe, an »etwas« zu glauben. Was drückt sich in diesem Bedürfnis aus, und wie ist es psychotherapeutisch sinnvoll aufzugreifen?

© Rita Honrado

Georg Milzner, geboren 1962 in Münster, aufgewachsen im Weserbergland und heute wieder in Münster ansässig, studierte Psychologie und Verhaltensbiologie. Er arbeitet als Psychologischer Psychotherapeut und Bewusstseinsforscher mit den Schwerpunkten Hypnotherapie und Hypnoanalyse. Mehrere Jahre gehörte er zum Vorstand der Deutschen Gesellschaft für Hypnose. In dem 2010 erschienenen Buch »Jenseits des Wahnsinns« zog Milzner Verbindungslinien unter anderem zwischen religiösen Ausnahmezuständen und schweren mentalen Störungsbildern. Dabei kritisierte er, dass unsere therapeutische Kultur kaum mehr die Möglichkeit spiritueller Krisen überhaupt erwägen oder deren Dynamik ermessen könne.

In »Religion und Gehirn«, das 2013 erschien, sieht er das Glaubensbedürfnis wie auch die spirituelle Erlebnisfähigkeit des Menschen als eine anthropologische Konstante, die sich evolutionär über neuronale »Schaltkreise« etabliert haben könnte. Mit diesem Modell werden naturwissenschaftliche Erklärungsansätze an den Glauben herangetragen, ohne dem religiösen Erleben seine individuelle Wahrhaftigkeit zu nehmen.

Georg Milzner plädiert entschieden dafür, religiöse und spirituelle Vorstellungen von Klientinnen und Klienten ernst zu nehmen und sie im Sinne der Resilienz zu nutzen. Ohnehin ist er der Meinung: »Wenn einer meiner Patienten sagt, er sei Jesus, dann weiß ich es nicht besser – auch wenn ich es für eher unwahrscheinlich halte.«

Michael Utsch, 1960 in Gießen geboren, studierte Theologie (B.A.) und Psychologie (Diplom, Promotion). In Teilzeit arbeitet er als Referent der Evangelischen Zentralstelle für Weltanschauungsfragen in Berlin, wo er auch lebt. In der Deutschen Gesellschaft für Psychiatrie, Psychotherapie, Psychosomatik und Nervenheilkunde (DGPPN) leitet er das Referat »Religiosität und Spiritualität«. Darüber hinaus arbeitet er als tiefenpsychologisch fundierter Psychotherapeut in einer niedergelassenen Praxisgemeinschaft und als Honorarprofessor für Religionspsychologie.

Er ist Herausgeber des Buches »Pathologische Religiosität« (2012) und Mitautor des Lehrbuchs »Psychotherapie und Spiritualität« (2018). Im von ihm mitherausgegebenen »Fallbuch Spiritualität in Psychotherapie und Psychiatrie« werden zwanzig Patientengeschichten erzählt und kommentiert, bei denen der Glaube entweder zur Störung beitrug oder eine wichtige Bewältigungshilfe darstellte (Frick et al., 2018).

Michael Utsch ist davon überzeugt, dass es hinter dem Kosmos eine Art Plan gibt und menschliches Leben einen übergeordneten Sinn hat. Wenn den Menschen in ihrer Begrenztheit dieser Plan auch verborgen sein mag, so bleibt es doch die Aufgabe, menschliches Leben mit Respekt und Verantwortlichkeit vor dem Sein und dem Leben aller zu gestalten. »Das ist die Aufgabe jedes Einzelnen, ganz egal, welcher religiösen oder spirituellen Weltanschauung er anhängt. Daraus leitet sich auch ab, dass es dem Wohlbefinden der Weltgemeinschaft dient, wenn alle Weltanschauungen kommunikativ und kooperativ aufeinander zugehen.«

VOM MENSCHLICHEN WISSEN UND NICHT-WISSEN

»Wir müssen davon ausgehen, dass wir bei vielen Dingen keine Möglichkeit haben, zu überprüfen, ob es sie gibt oder nicht. Ich kann nicht überprüfen, ob unsere Seelen wandern, ob es Geister gibt, ob Engel in unser Leben eingreifen.«
Georg Milzner

Vorstellungen von Wissen und Glauben

Herr Professor Utsch, Herr Milzner, denken Sie, dass die Menschen irgendwann einmal im Weltall auf Wesen stoßen werden, die ihnen ähnlich sind?

UTSCH Diese Frage ist natürlich schwer zu beantworten, weil wir darüber wenig Kenntnisse haben. Ich bin nicht vertraut mit den Details der Astrophysik, aber die Wahrscheinlichkeit ist nicht sehr groß. Man hat allerdings, glaube ich, in diesem Jahr Wasser auf dem Mars entdeckt, und da schossen die Spekulationen sofort ins Kraut: Was wäre, wenn wir dort Leben finden würden, vielleicht eine andere Zivilisation, die mit anderen Wertvorstellungen und mit anderen Gesellschaftsformen lebt? Es wurden ja auch Kapseln ins All geschossen zum Beispiel mit einer Beatles-CD und anderen kulturellen Errungenschaften. Ich persönlich glaube, dass ich das nicht mehr erleben werde, aber ich halte es für denkbar.

MILZNER Für denkbar halte ich es auch, aber doch für sehr unwahrscheinlich. Ich würde eher vermuten, dass wir auf ganz andere Formen von Leben stoßen, die mit unserem erst mal nicht viel zu tun haben und für die man möglicherweise auch eine ganz andere Definition von Leben bräuchte, also nicht unsere Lebensdefinition, die anhand von Stoffwechsel funktioniert, sondern Ideen von Leben, die vielleicht eben in besonderer Weise angepasst sind an ganz andere Lebensräume.

Insofern würde ich sagen, unsere Art zu leben, die hat mit der Art unseres Planeten und mit der speziellen Art unserer Evolution zu tun. Man findet ja bestimmte Muster in unserer Naturgeschichte immer wieder, und was Herr Utsch gerade sagte, dass man da versucht, mit anderen Zivilisationen vielleicht über Beatles-CDs Kontakt aufzunehmen, das scheint mir eher ein bisschen absurd und an der Grenze zur Lächerlichkeit. Davon auszugehen, dass irgendwelche fremden Zivilisationen mit unseren Schriften oder unserer Musik irgendetwas anzufangen wissen, wenn wir bei archaischen Funden unserer eigenen Spezies noch nicht mal wissen, was wir damit anfangen sollen, ist kaum zu erwarten.

Wir gehen davon aus, dass Wasser die Grundkomponente für Leben in unserer Form ist. Diesen Stoff gibt es natürlich im Weltall, und es kann ja durchaus irgendwo eine ähnliche chemische und sonst wie Kombination geben, sodass sich ein ähnliches Wesen entwickelt hat. Ich finde das jetzt theoretisch erst mal nicht so weit hergeholt.

Milzner Ja, aber Sie haben gefragt, ob ich persönlich glaube, dass es so ist, da habe ich auch ganz persönlich geantwortet. Nein, ich glaube nicht, dass es sehr wahrscheinlich ist. Es ist natürlich theoretisch möglich, aber ich denke nicht, dass besonders viel dafürspricht.

Utsch Man muss sich einfach klarmachen, dass die Erde und sogar unser ganzes Sonnensystem einen nur geringen Anteil am Kosmos ausmachen. Wir wissen ja viel zu wenig über den Gesamtkosmos. Insofern ist es aus unserer menschlichen Sicht eher unwahrscheinlich. Aber was Jahrmillionen von Lichtjahren entfernt von uns existiert, das wissen wir ganz einfach nicht. Es ist ein Bereich, der unserer Kenntnis verschlossen ist. Es mag eine gewisse Wahrscheinlichkeit geben.

Trotzdem wäre es natürlich hoch spannend, wenn Kontakt- und Kommunikationsmöglichkeiten entstünden. Jedenfalls denke ich durchaus, dass die Beatles-Musik auch ethnologische Informationen enthält und dass andere Wesen, sofern sie über einen Teil unserer Sinnlichkeit verfügen, daraus schon auch spannende Ableitungen über die menschliche Kultur der vergangenen Jahrzehnte entnehmen könnten. Das könnte man sicher entziffern.

MILZNER Wenn das so wäre, wäre das natürlich schön. Aber angesichts der Tatsache, dass man beispielsweise afghanische Dschihadisten mit Heavy-Metal-Musik foltert, angesichts der Tatsache, dass Friedrich II. beim Hören Haydn'scher Musik sagte, man möge ihn bitte mit diesem Lärm verschonen, scheint mir doch unwahrscheinlich zu sein, dass das anderenorts als so ein hübsches, anregendes kulturelles Erbe gewürdigt würde.

Aber lassen Sie uns genau da noch mal weitermachen: Wir würden ja auf jeden Fall auf völlig andere Erfahrungen stoßen, auf völlig andere Formen von Lebensweisen. Alle unsere bisherigen Fantasyvorstellungen dazu sind immer noch viel zu naiv.

MILZNER Ja, völlig anthropozentrisch. Auch die aktuelle Science-Fiction, soweit ich sie überschaue, ist ziemlich anthropozentrisch und erwägt eher den technisierten Menschen oder den Menschen, der seine Hirninhalte »runterladen« kann, als dass mit den Vorstellungen vollkommen anderer Lebensformen experimentiert würde.

Ja, da erzählen Menschen anderen Menschen etwas über uns als Menschen.

MILZNER Eben. Und während Science-Fiction den technisierten Übermenschen entwirft, wird in der Fantasy mythisches, eher archaisches Material verwendet. Viele Sagenstoffe, die heute so nicht mehr erinnert werden, bekommen eine neue Gestalt. Das sind ja immer noch sehr an menschlichen Erfahrungsräumen orientierte Phänomene und Narrationen, aber die Möglichkeit, dass etwas tatsächlich ganz anders wäre, als wir uns das vor unserem anthropologischen Hintergrund auch nur vorzustellen vermögen, dass es also den menschlichen Vorstellungsraum tatsächlich vollständig überschreitet, diese Möglichkeit kommt darin erst mal gar nicht vor.

UTSCH Ich finde diese Vorstellung auch im Grunde nicht relevant, weil ich sage, die statistische Wahrscheinlichkeit, dass ich mich in meiner Lebenszeit mit dem Thema auseinandersetzen muss, ist sehr gering, geht gegen null. Deswegen finde ich es im Grunde viel spannender, zu gucken, wie andere Menschen in anderen Kulturen und sozialen Umfeldern leben. Da existieren ja ganz große Unterschiede. Und wenn ich dann auch noch in die Vergangenheit zurückschaue und mich frage, wie wohl der Alltag im alten Ägypten ausgesehen hat, wie dort die Lebensbedingungen waren, und mir die kulturellen und ethischen Bedingungen in der Antike oder im Frühmittelalter vor Augen halte, dann tun sich unglaubliche und sehr unterschiedliche Lebenswelten auf.

In einer pluralistischen Gesellschaft führt kein Weg daran vorbei, dass eine Vielfalt von Weltbildern und Kulturen und unterschiedlichen Lebensentwürfen miteinander ins Gespräch kommt und versucht, als Gemeinschaft miteinander zurechtzukommen. Was können gemeinsame Werte und Regeln des Zusammenlebens bei so unterschiedlichen Traditionen, Prägungen und Gewohnheiten sein? In einer Stadt wie Berlin zu leben ist manchmal anstrengend, weil einfach unglaublich viele Lebenswelten auf der Straße oder in verschiedenen Kiezen aufeinanderstoßen. Es ist zwar ein und dieselbe Stadt, aber es handelt sich um eine spannungsreiche, vielschichtige, individualisierte, widersprüchliche Gemeinschaft. Was hält eine solche Stadt zusammen, was sind die geteilten Grundwerte, gibt es Verständigungsmöglichkeiten?

Was hält eine Gesellschaft zusammen, die von unterschiedlichen Werten, Weltbildern und Sinnmodellen geprägt ist? Dabei sind Fremdheitserfahrungen auszuhalten, auf die wir uns einlassen müssen und sollten. Und von einer Weltgemeinschaft sind wir ja noch sehr weit entfernt. Da liegen also auch ohne Außerirdische noch hinreichend Aufgaben vor uns.

Ich gehe trotzdem noch mal einen Schritt zurück: Sie gehen beide davon aus, dass dieser Kosmos nicht »für uns« gemacht ist?

MILZNER Ja, davon gehe ich aus, dass dieser Kosmos nicht für uns gemacht ist. Dieser Kosmos *ist,* und wir sind Teil dieses Kosmos.

UTSCH Aus einer religiösen Sicht kommt man zu einem anderen Ergebnis: Da kommt man darüber ins Staunen, dass die Erde Schöpfung eines planvollen, genialen Konstrukteurs ist. Der Mensch ist die Krone dieser Schöpfung, beauftragt, die Erde nutzbar zu machen, zu gestalten, zu bebauen und auch zu bewahren. Der Mensch wiederum ist mit ähnlich kreativen Fähigkeiten und Potenzen ausgestattet wie sein Schöpfer, um ebenso Erstaunliches aus Holz, Stein, also aus den Rohstoffen der Natur zu machen.

Wir Menschen haben uns sehr an all dieses gewöhnt und nehmen es als sehr selbstverständlich, aber im Grunde ist es ein Wunder, wozu Menschen heute in der Lage sind, was der technische Fortschritt heute alles für Annehmlichkeiten bereithält! Viele Geheimnisse der Natur haben wir entschlüsselt, die Medizintechnik, die Informationstechnologien und vieles mehr entwickelt.

Der wissenschaftliche Fortschritt kann sehr beeindrucken, und als Christ bin ich dankbar dafür, dass ich als Mensch dadurch ein recht angenehmes Leben führen kann und Möglichkeiten habe, diesen Dank auszudrücken und auch Verantwortung für die Schöpfung zu übernehmen, und zwar indem ich sage, dass es mir nicht egal ist, wie wir mit den Ressourcen der Erde umgehen, denn sie sind begrenzt. Ich kann nicht einfach maßlos damit wildern nach dem Motto »Nach mir die Sintflut!«, sondern ich muss verantwortlich handeln, denn ich habe einen ökologischen Fußabdruck, den ich hinterlasse. Mit Rücksicht auf die Zukunft unserer Kinder möchte ich mit diesen Ressourcen aufmerksam und verantwortlich umgehen.

Wenn ich also davon ausgehe, dass hinter alldem ein Plan steckt, eine Zielvorstellung, dann bin ich beauftragt, den Acker zu bebauen und zu pflegen und zu kultivieren. Aber nicht nur die Natur zu kultivieren, sondern es gilt auch, meine Seele zu kultivieren im Sinne der Verantwortlichkeit. Auch meine Seele ist ein Geschenk. Gott hat jedem Menschen Lebensatem eingehaucht und ihn oder sie mit Talenten ausgestattet. Jeder Mensch ist ein Ebenbild Gottes und kann jetzt auch mit seinen Fähigkeiten und den Anlagen, die in ihm stecken, versuchen, etwas Sinnvolles, Planvolles zu machen, seine Talente zu entfalten, um daraus das Beste für die Umwelt, für die Natur und auch für die Gemeinschaft zu machen.

Insofern kann ich aus meiner religiösen Sicht sagen, dass ich dankbar für das Leben bin und es als ein Geschenk erlebe. Mir wird eine gewisse Zeitspanne an Lebenszeit zugestanden, und diesen Zeitraum will ich nutzen, um etwas Sinnvolles und Kreatives zum Allgemeinwohl beizutragen. Das ist etwas anderes, als zu sagen: Jetzt bin ich nun mal hier auf dem Planeten Erde gelandet, da schaue ich mal, wie ich bestmöglich davon profitieren kann.

MILZNER Ich möchte meine Aussage nicht als Aufforderung zur Beliebigkeit missverstanden wissen. Es gibt relativ viel von dem, was Sie gerade sagten, das ich teilen würde, sowohl das Gefühl der Verantwortlichkeit für den Lebensraum als auch das Gefühl dafür, dass mein Hiersein keine Selbstverständlichkeit ist und dass dahinter möglicherweise noch etwas anderes steht, irgendeine Art von »Absicht«, wobei ich nicht so weit gehen würde, es einen »Plan« zu nennen. Ich empfinde Evolution und Schöpfung auch nicht als Gegensatz, beides sind Modelle unseres Herkommens, die ihre Berechtigung haben.

Wo ich nicht ganz mitgehe, das ist die Anschauung vom Menschen als der »Krone der Schöpfung«. Ich glaube nicht, dass mit den Menschen ein Abschluss der Evolution oder des Schöpferischen erreicht ist. Da spricht zu viel dagegen. Zwar ist seit der Steinzeit unsere Grundbauform des Gehirns gleich geblieben, aber das, was sich dann neuroplastisch ausgebildet hat, ist eben das, was uns heute befähigt, Bomben zu bauen oder Sinfonien zu schreiben, was der Steinzeitmensch eben noch nicht konnte. Nun müsste man sich ja fragen, wenn sich das Gehirn auf Dauer verändert und weiter ausformt, wenn der Neokortex eben nicht diese uns vertraute Form mehr haben wird, sondern sich vielleicht weiter auswölbt oder in den Hemisphären verschiebt, was dann mit der Evolution weiter vorangeht. Wird es zu neuen Anpassungsprozessen kommen? Was würde dort entstehen, wo wir beispielsweise verstrahlte Zonen hätten oder sonst in den Umweltbedingungen stark veränderte Einflüsse herrschten, welche Lebensformen bilden sich da heraus, wenn etwa Mutationen etwas ungeordneter stattfinden?

Also, die Krone der Schöpfung würde im Grunde bedeuten, mit uns ist Schluss, und dann wäre man nicht weit weg davon, zu fragen, wie denn das Ganze eigentlich aufhört. Insofern würde ich vorschlagen, dass wir uns als Teile eines dynamischen Prinzips betrachten, als Leben in Bewegung. Ausgehend davon könnten wir fragen, was nach uns kommen wird, zumal unser Planet ja eine begrenzte Existenzdauer hat. Kommt vielleicht so etwas, wie der Transhumanismus es andenkt? Oder kommt eine neue Form von Beseelung? Oder, wenn wir so weitermachen wie gegenwärtig mit unserer Existenz vor einer Vielzahl von Bildschirmen, passen wir uns dann immer mehr an diese technische Welt an und sehen dann einmal so aus, wie wir uns gegenwärtig Aliens vorstellen, nämlich mit übermäßig vergrößerten Augen, riesigen Fingern und gewaltigen Gehirnen? Werden wir selbst dann jene, die wir uns heute ins Weltall hineinfantasieren?

UTSCH Menschen zeichnet ihre Reflexivität und ihr Selbstbewusstsein aus – sie können über sich nachdenken, sich korrigieren und hoffentlich auch manchmal lächeln. Ein Computer besitzt keinen Leib, keine Körperempfindungen. Er besitzt keine Reflexivität und kann nicht »ich« sagen.

Allerdings wird diese Besonderheit des Menschen, seine anthropologische Sonderstellung, durch den technischen Fortschritt eingeholt. Die künstliche Intelligenz wird sich weiter ausbreiten, und es ist nicht absehbar, wo wir in zehn oder in zwanzig Jahren stehen, wenn die Digitalisierung so weiter voranschreitet – und davon ist ja auszugehen. Was macht das mit unserem Gehirn, mit unserem Selbstbewusstsein und mit unserer so hoch geschätzten Autonomie? Das sind schwierige Fragen, da möchte ich keine Prognose abgeben. Allerdings bin ich davon überzeugt, dass der Mensch selbst dafür die Verantwortung trägt. Ich sehe niemanden, der uns diese Verantwortung abnehmen könnte. Dazu müssen aber auch die Risiken und Nebenwirkungen der Digitalisierung genauer in den Blick genommen werden – manche diagnostizieren bereits eine »digitale Demenz«, wie Gerald Hüther es 2016 genannt hat.

MILZNER Ist denn für Sie der Mensch die Krone der Schöpfung und danach kommt keine weitere Entwicklung mehr? Über Kronen ist ja nichts, außer dem Himmel.

UTSCH Um nicht missverstanden zu werden: Ich bin kein Kreationist. Aber ich kann mir nicht vorstellen, in welcher Richtung die Evolution weitergehen wird.

MILZNER Das gehört zur Evolution, sie ist offen, kein Wesen in ihr kann Vorhersagen machen.

Setzen Sie voraus, dass der Mensch einen freien Willen hat?

UTSCH Wenn der Mensch ein Ebenbild Gottes ist, dann ist die Wahlfreiheit ein entscheidendes Merkmal des Menschen. Ein gläubiger Mensch ist von der unsichtbaren Gegenwart Gottes überzeugt. Aber diese »Anwesenheit« ist nicht objektivierbar und wissenschaftlich zu überprüfen, sondern nur gläubig zu erfassen. Gott ist und bleibt ein Geheimnis. Damit wird dem Menschen eine Wahlmöglichkeit gegeben, sich auch gegen eine Partnerschaft mit ihm zu entscheiden. Wäre Gott zu fotografieren oder objektiv nachzuweisen, hätten wir Menschen keine Wahl, auf den Schöpfer zu achten, und die Gottesbeziehung würde nicht auf Vertrauen, sondern auf Berechnung fußen.

MILZNER Der freie Wille ist ein Konstrukt, das für einen Psychologen des Unbewussten reichlich dünn ist. Was die Hirnforschung unternahm, um die Möglichkeit des freien Willens zu widerlegen, war allerdings auch wenig eindrucksvoll. Tatsächlich werden wir von vielfältigen Einflüssen bestimmt, und da spielen unbewusste Faktoren der Psyche ebenso eine Rolle wie situative Gegebenheiten. Manches ist so einfach, dass es kaum bedacht wird. So zeigen Studien, dass Richter gnädiger urteilen, wenn sie eben gut gefrühstückt haben, als wenn sie hungrig auf die Mittagspause warten. Ich setze daher keinen freien Willen voraus, das wäre zu oberflächlich, wohl aber eine Verantwortlichkeit für das Handeln, die sich aus der Möglichkeit ergibt, unsere Motive zu prüfen und uns mit uns selbst auseinanderzusetzen.

Suggestionen

Sie müssen ja beide damit leben, dass das alles nichts als Annahmen sind. Wie gehen Sie damit um, dass die jederzeit auch falsch sein können? Wie machen Sie das als Mensch, als Fachmann, als Therapeut: Meine Annahmen über dieses Thema können jederzeit falsch sein, immer kann sich auch das genaue Gegenteil als richtig erweisen.

UTSCH Mir fällt das Buch »Wie Menschen sind« von Gerd Rudolf ein, der als Psychoanalytiker eine beeindruckende Gesamtschau der Vorstellungen vom Menschen vorgelegt hat. Er untersucht, was den Menschen ausmacht, und betrachtet ihn aus verschiedenen Perspektiven und wie wir ihn verstehen können. Dabei wird ganz deutlich: Mehr als *Annahmen* über den Menschen haben wir alle nicht, auch wenn es natürlich ganz unterschiedliche Annahmen gibt. Und der Münchener Persönlichkeitsforscher Jochen Fahrenberg hat eine psychologische Anthropologie vorgelegt, die er »Annahmen über den Menschen« genannt hat. Er als Psychologe weiß, dass wir natürlich nichts anderes haben als Wahrscheinlichkeitsaussagen und dass wir mit einem bestimmten Idealbild, mit bestimmten Voraussetzungen an das Menschsein herangehen. Es ist heutzutage in pluralistischen und heterogenen Gesellschaften ganz wichtig, sich klarzumachen, dass wir immer eine Perspektive einnehmen, die auf bestimmten Voraussetzungen fußt, und dass wir uns auf jeden Fall davon verabschieden müssen, etwas absolut oder autoritär beantworten zu können. Wir müssen anerkennen, dass wir alle unterschiedliche Zugänge, Verstehenshorizonte und kulturell geprägte Blicke auf den Menschen haben. Deshalb finde ich es ganz wichtig und bereichernd, wenn ich mich auch mit anderen Zugängen zur Wirklichkeit beschäftige. Damit wird mir klar, was mein bevorzugtes Denkmodell ist, was die Grundlagen meiner eigenen Weltwahrnehmung sind und dass das immer nur *eine* mögliche Perspektive ist.

Gerd Rudolf hat sieben Perspektiven auf den Menschen entwickelt und zusammengefasst. Eine Perspektive ist der religiöse Mensch, das ist ein schönes Kapitel über Menschen, die sich als religiös verstehen. Das finde ich hilfreich, wenn wir alle uns klarmachen, dass wir aus einer bestimmten Richtung und mit einer individuell getönten Brille auf die Welt schauen. Ich bin ein Individuum, ich bin geprägt durch meine Geschichte, mein Elternhaus, durch meine Ausbildung und durch meine Berufswahl und habe eben einen bestimmten Blick auf die Dinge und auf mich selbst. Entsprechend deute ich die Wirklichkeit, versuche mein Erleben und Verhalten zu verstehen und mir selbst und meinem Leben einen Sinn zu geben. Aber ich darf nicht den Fehler machen, davon auszugehen, dass alle Menschen den Sinn oder die Wirklichkeit genauso interpretieren wie ich. Jeder schaut durch seine Brille auf die Welt – in der Philosophie nennt man das »Perspektivität«.

Bei tiefergehenden Gesprächen ist es sehr hilfreich, genauer in Erfahrung zu bringen, wie mein Gegenüber die Wirklichkeit wahrnimmt. In jeder Therapie und in jeder Beratung ist es eine Grundvoraussetzung, mich einzufühlen und zu verstehen, mit was für einer Brille der Patient auf die Welt sieht. In so einer Begegnungssituation ist es – und das macht ja auch das Faszinierende dieses Berufes aus – die Aufgabe, die Welt zumindest zeitweise aus den Augen des anderen zu sehen, mich einzufühlen und zu schauen, wie wird es dem Menschen wohl gehen, wenn er eine solche Geschichte hat und diese Gefühle empfindet. Das finde ich hoch spannend an unserem Beruf.

MILZNER Ich möchte noch mal auf die Ausgangsfrage zurückkommen, in der es darum ging, dass wir alle nur mit Annahmen umgehen können. Das sind ja die Fragen nach der existenziellen Unsicherheit des Menschen: Was darf ich glauben, was kann ich wissen, was kann ich als wahr annehmen? Das sind Fragen, die sich erst ab einer bestimmten Bewusstseinslage stellen. Die hat zum Beispiel mein drei Monate alter Sohn noch nicht. Die stellt sich erst ab dem Zeitpunkt, wenn das Bewusstsein gewissermaßen wach genug ist. Bei kleinen Kindern kommt es dann zu dem Punkt, an dem das Kind sich fragt: Wie denkt wohl die Katze? Oder das Kind fragt: Sieht mich eigentlich der Vogel auch so, wie ich den Vogel sehe? Wenn man sich darauf einlässt, dann sagt man: Nein, tut er nicht. Er hat andere Wahrnehmungswerkzeuge als du, er kann dich nicht so sehen, er sieht dich anders. Nimm zum Beispiel da vorne die Stubenfliege, die hat ein Facettenauge. Nun könnte man dem Kind zeigen, wie ein Facettenauge wahrnimmt. Die Welt sieht dann jedenfalls ziemlich anders aus als für uns.

Das heißt also, ab dieser Ebene des Bewusstseins wird langsam deutlich, dass wir die Welt auf unsere Art sehen und dass der Rest der Welt uns auf seine jeweilige Art sieht oder wahrnimmt, mit den jeweiligen Wahrnehmungswerkzeugen, mit denen jedes Wesen nun mal ausgerüstet ist.

Irgendwann stellt sich für jeden Menschen die nächste Frage: Ist da noch etwas anderes, gibt es noch etwas, was wir nicht sehen können? Gibt es Geister? Ist es möglich, dass ein Krokodil unter meinem Bett ist? Wieso hat das Kind plötzlich die Idee, es könnte etwas da sein, was es nicht sehen kann? Das ist, wenn man so will, die Prüfstelle für unser messendes Weltbild. Das sagt also: Wenn du da unter dem Bett nichts tasten kannst, dann ist da auch nichts. Aber als Erwachsener bin ich mir durchaus bewusst, dass ich das nicht wirklich belegen kann, ohne hingefasst zu haben. Damit hat Ludwig Wittgenstein Bertrand Russell zur Verzweiflung getrieben, als er sagte: Sie werden mir nicht beweisen können, dass kein Rhinozeros im Zimmer ist. Beweisen kann man es nicht.

Bei Kindern gibt es ein Phänomen, das man bei Psychosenbehandlungen zum Beispiel wiederfindet: Das Kind sagt:»Papa, guck mal da hinten an der Wand, da ist ein schwarzer Mann.«

Man geht ins Zimmer und fragt: »Wo? Zeig es mir!« Nun zeigt das Kind auf etwas. »Ach, ich weiß, was das ist, das ist dein Pullover auf dem Kleiderbügel, mach mal das Licht an! Siehst du, das ist der Pulli auf dem Bügel. Jetzt machen wir das Licht mal wieder aus, was siehst du jetzt?« Nun sieht das Kind den Pulli auf dem Bügel.

Jetzt kann es passieren, dass man aus dem Zimmer geht und das Kind plötzlich wieder sagt: »Jetzt ist er wieder da, der Mann.« In dem Moment merkt es, dass die reine Realitätsprüfung, also das Verhandeln über gültige Annahmen, hier die Verunsicherung nicht löst. Die Verunsicherung würde allerdings erneut sofort gelöst durch Präsenz. Das heißt, die erste Auflösung unserer Unsicherheit über das, was wirklich ist und was nicht, findet eigentlich über etwas ganz Elementares statt, nämlich über Nähe und Zugehörigkeit, über eine von diesen Grundbedürfnisebenen, wie sie in der Bedürfnishierarchie von Abraham Maslow stehen. Meine These ist, dass mit der elterlichen Präsenz auch immer das elterliche Weltbild vermittelt wird. Wenn Mama und Papa nah sind, dann gilt auch, was Mama und Papa sagen. Und dann ist der Pulli beruhigenderweise doch nur ein Pulli.

An dieser Stelle ist eigentümlicherweise auch die Frage nach den Annahmen plötzlich irrelevant. Es gibt eine Ebene, die liegt unterhalb aller Annahmen und auf der kommen wir an eine seelische Basis heran, die auch – aber nicht nur – mit unserem evolutionären Hintergrund zu tun hat. Nähe und Gehaltenwerden sind ja ebenso wie ein gutes Geerdetsein keine Annahmen, sondern etwas Erlebtes. Steigt man allein die denkerisch-spekulative Treppe hinauf, dann hat man ein beunruhigendes Spektrum vor sich, das von den philosophischen Fragestellungen des Jugendlichen über den Sinn seines Lebens über Rimbauds Erkenntnis, dass »ich« »ein anderer« sei, bis zum Schizophrenen reicht, der uns gegenübertritt und sagt: »Herr Doktor, mich gibt es nicht.«

Man kann bei solchen Aussagen oft nicht genau bestimmen, was hier noch weiterführende Theorie oder tiefe Erkenntnis ist und was schon Wahnsinn. Unsere Welt besteht aber zu einem Teil aus Spekulationen und Konzepten und zu einem anderen Teil aus Dingen, auf die wir uns alle einigen können. Das sind zum Beispiel viele sinnliche Phänomene. Wenn wir alle trinken müssen, um am Leben zu bleiben, dann ist »Wasser« keine bloße Annahme mehr, sondern etwas, was ist und was als Phänomen unser Dasein mitbestimmt. Und wenn jedes Baby Körpernähe braucht, dann ist auch dies keine Annahme, sondern eine Lebensbedingung, die uns definiert.

Komplizierter wird es da, wo wir über die materielle Basis hinausgehen, wenn wir beispielsweise fragen, ob Wasser auch lebt oder ob es beseelt sein könnte. Manche Kulturen glauben dies. Oder, um mal auf die Anfangsfragen in unserem Gespräch nach anderen Formen von Leben zurückzugreifen: Wie sieht es mit der Existenz von Geistern und Dämonen aus? Würden wir in manche Gegenden Afrikas reisen und dort behaupten, jemand, der Stimmen hört und Geister sieht, sei geistig nicht gesund, dann würde uns dort vielleicht geantwortet: »Bei uns ist es andersherum, wer *keine* Geister sehen kann, der ist verrückt.« Der Konstruktivismus kann solche Dinge ja ganz gut beschreiben. Menschen formen ihre Welt unterschiedlich und nach sehr verschiedenen Konzepten.

Für mich als Hypnotherapeuten war Vladimir Gheorghius Konzept der Suggestionalität immer sehr wichtig. Vladimir zeigte, dass wir uns beständig Vorschläge machen, wie die Welt sein könnte und wie dies oder jenes zu verstehen wäre. Indem manche dieser Suggestionen sich dann verdichten, entstehen Glaubenssätze und Handlungsneigungen. Wir müssen davon ausgehen, dass wir bei vielen Dingen keine Möglichkeit haben, zu überprüfen, ob es sie gibt oder nicht. Ich kann nicht überprüfen, ob unsere Seelen wandern, ob es Geister gibt, ob Engel in unser Leben eingreifen. Ich kann es nicht überprüfen. Wohl kann ich von Erfahrungen berichten, von Ausnahmezuständen, wie es Stanislav Grof tut. Aber die gelten dann erst mal auch nur für mich, und mir geht es immer einen Schritt zu weit, wenn man auf persönliches Erleben dann wieder Modelle baut, die für alle gelten sollen.

Was ich aber kann, ist, die Konsequenzen zu ermessen, die aus bestimmten Annahmen folgen, also das, was man mit Suggestionen verbindet. »Suggestion« heißt wörtlich übersetzt »Vorschlag«. Aber es ist ein Vorschlag, der zu etwas *führt*. Immer da, wo ich nun merke, dass die Konsequenzen, die sich aus einer Suggestion ergeben, schlimm sein werden, kann ich meinen inneren suggestiven Raum neu möblieren. Um ein praktisches Beispiel zu geben: Ich kann bei einem Patienten, der einen religiösen Wahn zu haben scheint, die Verdachtsdiagnose »Psychose aus dem schizophrenen Formenkreis« stellen, die für sich allein zu eher unerfreulichen Konsequenzen führen würde. Eventuell kann ich aber die Zusatzdiagnose einer »spirituellen Selbstfindungsproblematik« ergänzen und so den Behandlungsrahmen konstruktiv weiten.

Die Argumentation ist jetzt natürlich ein akademisches Rückzugsgefecht, das müssen Sie beide einräumen. Jetzt haben wir die Annahmen darauf runtergebrochen, dass alles, was gilt, lediglich eine soziale Konvention ist.

UTSCH Nein, das sind nicht nur soziale Konventionen! Gerade in existenziellen Krisensituationen bin ich gezwungen, zu prüfen, was mein Leben trägt. Ganz so, wie es Herr Milzner eben gesagt hat. Es gibt doch in jeder Biografie das Tragische, einen Schicksalsschlag, einen Verlust oder eine Krankheit, bei denen ich an der Schönheit zweifle, mich das Gefühl der Sinnlosigkeit ergreift, wo ich mein Leben nur noch als absurdes Theater empfinde oder wo alles, was ich mir bisher als ein Sinngerüst aufgebaut hatte, nicht mehr zu funktionieren scheint. Gerade an diesen Bruchstellen des Lebens muss ich dann vielleicht neue Annahmen über die Menschen machen, weil ich merke, dass mich das vertraute Denkgebäude nicht mehr trägt. Wir haben keine empirische Überprüfbarkeit, ob es einen Geisterhimmel gibt oder nicht. Deshalb muss ich als Mensch mutig sein und etwas ausprobieren und Erfahrungen machen.

Ich finde hier den Entwurf der transpersonalen Psychologie ganz anregend. Nehmen wir zum Beispiel die Bedürfnispyramide von Abraham Maslow, der sagt, es gäbe das Bedürfnis nach Selbsttranszendenz, also die Notwendigkeit, herauszufinden, auf welchen größeren Zusammenhang ich bezogen bin, wenn ich in mir selbst keine Wurzeln mehr finde. Ken Wilber spricht von den »drei Augen der Erkenntnis« und zitiert Bonaventura. Das ist zwar ein klassisches Motiv, aber ich finde, er hat es noch mal schön praktisch auf die Psychologie angewandt. Demnach verfügen wir Menschen über ein empirisches naturkundliches Wissen, das sehr wertvoll ist. Wenn wir etwas mit den Naturgesetzen empirisch überprüfbar beschreiben können, sind wir erstens in der Lage, auf Grundlage dieser Gesetzmäßigkeiten ziemlich zuverlässige Aussagen über die Wirklichkeit zu treffen. Dann haben wir zweitens ein hermeneutisches Wissen, mit dem wir phänomenologisch beschreiben und auch etwas in seiner Tiefe verstehen können. Der dritte Zugang zur Wirklichkeit, das dritte Auge der Erkenntnis, der im Westen wohl etwas unterentwickelt und verkümmert ist, betrifft das Auge der Kontemplation. Wilber wirbt sehr dafür, zu meditieren, also einen meditativ-intuitiven Zugang zur Wirklichkeit auszuprobieren, um dann festzustellen, dass sich damit ein Wirklichkeitsraum und auch Aspekte des menschlichen Daseins auftun, die mir naturwissenschaftlich und geisteswissenschaftlich verschlossen bleiben. Mit dem meditativen Auge der Kontemplation kann ich Wirklichkeitsbereiche wahrnehmen, die mir durch rein natur- oder sozialwissenschaftliche Methoden nicht zugänglich sind.

Es gibt mittlerweile Projekte zum Achtsamkeitsunterricht für Schulklassen, weil Meditation ein wirkungsvolles Mittel ist, sich selbst zu zentrieren, zu seiner Mitte zurückzufinden und der permanenten Überflutung von Informationen entgegenzuwirken. Wir legen großen Wert auf unsere Zahnhygiene und pflegen morgens und abends unsere Zähne. Es ist nicht mehr undenkbar, dass ein Großteil der Bevölkerung in zehn Jahren auch morgens und abends eine Viertelstunde meditieren wird, um den Geist zu putzen, weil das einfach ein sehr wirkungsvolles Instrument der Psychohygiene ist und einen Zugang zur Wirklichkeit kultiviert, den wir hier im Westen sehr stark vernachlässigt haben.

MILZNER Stimmt. Ein Rückzugsgefecht war es übrigens nicht, sondern es war ein Versuch, auf Ihre Frage nach den Annahmen, die man nicht begründen kann, zu antworten. Dieser Punkt von Ihnen, Herr Utsch, der geht erfreulicherweise darüber hinaus, wenn Sie sagen, die Annahmen bleiben alle noch auf der Ebene, die bei Wilber »Auge des Geistes« heißt. Das »Auge des Geistes« umfasst von Philosophie über Mathematik bis zur Literatur alles, was im weitesten Sinn mit Denken zu tun hat. Das »Auge des Fleisches« dagegen ist das sinnliche Erkennen, alles Sehen, Hören, Ertasten und so weiter, ergänzt durch technische Mittel wie Mikroskope, Stethoskope bis hin zu den bildgebenden Verfahren. Mit diesen beiden Augen sieht die Wissenschaft, weshalb sie in spiritueller Hinsicht auch blind ist. Denn das »Auge der Seele« kann man nur meditativ oder kontemplativ öffnen, Messungen oder Debatten führen hier nicht weiter.

Gehen wir mal davon aus, dass die ganze Verwirrung, speziell des abendländischen Menschen, eine Verwirrung auf der Ebene des geistigen Auges ist. Das »Auge des Geistes« wird ja in unserem Kulturkreis etwas überbetont. Unsere Diskurskultur ist natürlich super, aber wir drehen an vielen Stellen auch infam leer. Wilber ist an dieser Stelle sehr radikal. Er sagt, wer sich auf Meditation und Kontemplation gar nicht einlässt, kann spirituell auch nicht mitreden. Wer sich auf der materiellen Ebene weigert, durch ein Mikroskop zu blicken, kann ja auch bestimmte Strukturen nicht erkennen, die man eben nur auf diesem Weg erkennen kann. Insofern sollten wir bei spirituellen Fragestellungen die Fähigkeit wieder kultivieren, nicht bloß zu messen oder Debatten zu führen, sondern meditativ, kontemplativ oder in Tranceversunkenheit mit der Seele zu schauen.

Übrigens können wir das als Kinder noch besser. Kinder haben eine Art natürlicher Trancebegabung, vielleicht keine meditative Begabung, aber doch eine, die zu versinken weiß und sich zu öffnen vermag. Das ist freilich wie mit allen Instrumenten, die man zwar besitzt, aber mit denen man den Umgang noch nicht erlernt hat. Die klassische mittelalterliche Herangehensweise des religiösen Menschen bestand aus drei Teilen: horatio, meditatio und contemplatio. Das Sprechen von Gebeten hatte durch die Wiederholung der Formeln und die Rhythmik einen tranceinduzierenden Effekt. Die Meditation war das Stillwerden, und die Kontemplation hatte dann sogar dialogische Züge. Wenn wir diesen Kulturschatz neu erkunden würden, frei von Dogmen und fordernden Strukturen, dann würden sich viele der rein auf Spekulation und Kritik gründenden, oft ins Leere laufenden Diskussionen zu Religion und Spiritualität auflösen. Bewusstseinsforscher wissen, dass in allen Kulturen Methoden existieren, die darauf abzielen, die plappernde Kopfebene still werden zu lassen, damit etwas anderes sprechen kann.

RELIGION, SPIRITUALITÄT, TRANSZENDENZ, SINNSUCHE – BEGRIFFLICHKEITEN

»Auch Therapeuten müssen das Bedürfnis nach Spiritualität wahrnehmen, denn für ein Fünftel der Deutschen hat das eine hohe Relevanz. Ich sage ja nicht, dass sich jeder Mensch in diese Richtung weiterentwickeln muss, aber ich als Therapeut muss erst mal anerkennen, dass auch in einer säkularen Gesellschaft viele Menschen gläubig sind.«
Michael Utsch

Auftragsklärung: Worüber reden wir?

Wenn Sie mit Klientinnen und Klienten arbeiten, dann spielt sich das auf einer gewissen pragmatischen Ebene ab. Ihre Aufgabe ist es nicht, Philosophien oder religiöse Glaubenssysteme akademisch zu ventilieren, sondern Sie gehen von den Problemen aus, die die Menschen mitbringen, um Schritt für Schritt zu Lösungen zu kommen ...

UTSCH Halt! Nein, das sehe ich nicht so. Mir scheint da doch eine größere Offenheit nötig für Fragen, die Sie jetzt vielleicht »philosophisch« nennen würden. Auch mit Patienten reden wir über so etwas, warum denn auch nicht? Das ist doch spannend: Wir leben heute in einer sehr säkularisierten Gesellschaft. Dennoch ist Religion nicht verschwunden, im Gegenteil. Über religiöse Fragen wird heute in unserer Gesellschaft heftig und kontrovers gestritten: Dürfen deutsche Lehrerinnen mit Kopftuch unterrichten? Dürfen in öffentlichen Gebäuden Kreuze hängen? Wie ist das mit dem Muezzinruf am Freitag, dem Glockengeläut am Sonntag oder der theologischen Ausbildung von deutschen Imamen? Religionskritiker wie Freud, Feuerbach oder Nietzsche hatten ja prognostiziert, Religion würde sich durch die technische, aufgeklärte Vernunft erledigen, aber sie haben sich geirrt, alle. Das Gegenteil ist der Fall.

Glaube, Religion und Spiritualität sind Themen, die gerade in einem säkularen Zeitalter an Bedeutung gewonnen haben. Jürgen Straub hat in einer bemerkenswerten Studie eine tragfähige Brücke zwischen den tief verfeindeten Geschwistern Wissen und Glauben gebaut. Als Brückenkopf dient ihm eine identitätstheoretische Säule, von der aus nach seiner Überzeugung ein sachgemäßer Dialog mit Andersglaubenden geführt werden kann. Nach Straub bietet gerade ein säkulares Zeitalter eine vorzügliche Plattform, damit religiöse und säkulare Lebensformen friedlich zusammenleben könnten. Nach seiner Überzeugung verläuft heute die politisch bedeutsame Trennlinie keineswegs zwischen religiösen und nicht religiösen Menschen, sondern zwischen Menschen, die ihren Glauben in ihr Selbstverständnis integriert haben, und solchen, die mit Feindbildern das Fremde pauschal abwerten. Straub bezeichnet diese als »totalitär strukturiert – gleichgültig ob sie nun gläubig sind oder nicht«.

Ein religiöser Glaube, der in der personalen Identität eines Menschen gründet, ist nach Straub für die Erfahrung von Zweifeln und von neuen, alternativen Sinndeutungsmodellen offen. Derart personalisierter religiöser Glaube könne in einen offenen Dialog mit säkularen Lebensformen treten. Anstatt zu rivalisieren und sich gegenseitig abzuwerten, könnte gemeinsam nach dem Sinn im Tragischen und potenziell Absurden der menschlichen Existenz gefragt werden. In diesem Sinn hat auch eine religionssensible psychotherapeutische Behandlung, in der existenzielle Themen zur Sprache kommen, den Effekt, die eigene religiöse, spirituelle oder säkulare Glaubenshaltung vor dem Hintergrund des aktuellen Leidens, Scheiterns oder Traumas neu zu finden und zu stabilisieren.

MILZNER Das sind natürlich Modelle, die neben einem weiten Intellekt auch eine große innere Stärke voraussetzen. Aber es stimmt schon, es ist auffallend, dass im sogenannten säkularen Zeitalter jemand wie Richard Swinburne wieder versucht, mit einem Gottesbeweis anzutreten.

Aber um auf die Frage des Pragmatismus zurückzukommen, die hier den Ausgangspunkt bildete. Pragmatismus ist manchmal angemessen, manchmal nicht. Wo es um weitreichende Entscheidungen geht oder um emotionale Brandherde, da ist Pragmatismus oft gar nicht möglich, weil die Person zwar nach Entscheidungen sucht, aber vor allem Stimmigkeit mit sich selbst anstrebt.

Ich würde hier gerne mal praktischer werden. Als Hypnotherapeut arbeite ich mit verschiedenen inneren Zuständen, mit »mind modes« könnte man sagen. Jeder dieser inneren Zustände hat ein spezifisches Potenzial. In manchen sind wir zu weiträumiger Übersicht in der Lage, fühlen aber wenig Leidenschaft. In anderen sind wir emotional stark engagiert, haben aber wenig Gefühl für die Folgen unseres Handelns. Das betrifft zum Beispiel oft jene Zustände, die mit dem »inneren Kind« zu tun haben. In wieder anderen Zuständen sind wir besonders befähigt zur Integration und spüren die Reife, alles Widerstreitende in uns wahrzunehmen, ohne die Gegensätze aufzuheben oder uns allein auf eine Seite schlagen zu müssen. Überdies kann man auch von unterschiedlichen Altersstufen her auf aktuelle Problemzonen blicken.

Eine meiner liebsten therapeutischen Methoden ist, in Trance vom heutigen Zeitpunkt aus in eine entlegene Zeit zu gehen, in der wir alt und glücklich sind. Nehmen wir nun mal an, wir haben einen Patienten, der in einer schlimmen Krise steckt. Nennen wir ihn Martin. Martin weiß nicht genau, ob er sich von seiner Frau trennen soll, denn er hat sich in eine andere Frau verliebt, fühlt sich seiner Ehefrau aber moralisch verpflichtet. Er weiß nicht, was für ihn gelten soll: Die hingabebereite Liebe und die moralische Verpflichtung scheinen ihm gleichermaßen stark. Insgesamt hat er das Gefühl, sein Leben sei traurig geworden, und er fragt sich einerseits, ob er nicht sein Leben wegschmeißt, wenn er so weitermacht wie bisher – aber andererseits: Darf er ausbrechen? Das Eheversprechen umfasste ja ausdrücklich gute und schlechte Zeiten. Muss Martin also nicht ertragen, was er einmal begonnen hat?

Solche Fragen kann man als Therapeut nicht ganz ohne einen Bezug zum Lebensgefühl und zur Sinnfindung verhandeln. Wenn man das nicht macht, dann bleibt man rein im hedonistischen oder aber im moralischen Gelände, was beides für die meisten Menschen später mit etwas Abstand betrachtet sehr unbefriedigend werden würde. In einer geführten Imagination könnte man nun etwa so vorgehen:

»Martin, nehmen Sie einmal an, Sie sind Anfang neunzig und schauen auf ein erfülltes Leben zurück. Sie sind ein alter Mann und dieser alte Mann hat viel und Wechselvolles erlebt, aber er hat dabei immer sein Selbstgefühl behalten und im Ganzen, wenn er zurückschaut, sagt er sich, ja, das war ein erfülltes und gut gelebtes Leben. Sie merken, dass dieses Gefühl Sie irgendwie trägt. Da ist ein Gespür für das, was ein Leben reich macht, und für das, was es eher arm macht.

Nun stellen Sie sich vor, es gibt in Ihnen eine innere Führung, ein tieferes Wissen um das, was Ihrem Leben entspricht. Manche sprechen vom Unbewussten als einem wissenden Begleiter. Andere wie Carl Gustav Jung nennen dieselbe Instanz, die man nicht so mit Denken beschreiben kann, eine seelische ›Nummer zwei‹. Jetzt nehmen Sie mal an, Sie haben diesen Begleiter an Ihrer Seite und treffen erst einmal gar keine Entscheidung, sondern Sie nehmen sich nur wahr, und zwar als ein Mensch, der lebt und der die Vielfalt in sich anerkennt. Von dem Neunzigjährigen aus betrachtet wissen Sie, dass Sie gut entschieden haben werden. Sie wissen noch nicht, wie Sie entscheiden werden, aber der unbewusste Teil in Ihnen weiß es. Und Sie werden langsam merken, dass dieser Teil deutlicher spürbar wird.«

An diesem Punkt hat der Therapeut zwei Dinge gemacht: Erstens lässt er die Entscheidung offen, aber er sagt, dass es ein verborgenes Potenzial gibt, das die Entscheidung in guter Weise beeinflussen wird. Zweitens baut er eine Brücke zu einem später liegenden Zeitpunkt, von dem aus man sagen kann, damals habe man gut gehandelt.

Ich würde jetzt gerne mal als Martin darauf antworten. Diese Polarisierung, mein Leben war entweder gut oder schlecht, ist schon unterkomplex. Ein Menschenleben hat immer gute und richtige Anteile und schlechte und falsche. Etwas ist uns gelungen, anderes nicht. Das ist immer ein Ambivalenzverhältnis. Für Martin als Fünfundvierzigjährigem war seine Ehe erst mal in Ordnung, jetzt aber hat sich etwas gravierend verändert. Er muss Entscheidungen treffen, und für die braucht er rationale und verantwortliche Abwägungen.

MILZNER Ein Leben ist niemals nur gut oder schlecht, aber Entscheidungen können sich sehr wohl als gut oder schlecht erweisen. Und das Problem ist, dass bei emotionalen und moralischen Konflikten rationale Erwägungen nicht genügen. Deshalb kommen die Patienten ja zu Therapeutinnen und Therapeuten wie mir, weil sie rational bereits alles durchgespielt haben. Sie waren vielleicht schon bei einem kognitiven Therapeuten, der ihnen geholfen hat, Entscheidungen gegenüberzustellen, und der gesagt hat: »Schauen Sie, was Sie verantworten können. Gehen Sie mal hiermit in sich und sehen Sie, wie Sie sich damit fühlen, und gehen Sie mal dorthin, wie Sie sich damit fühlen.« Vielleicht war er auch bei einem Tiefenpsychologen. Der hat gesagt: »Lassen Sie uns Ihre Mutterbeziehung ansehen und die Ehe Ihrer Eltern. Aha, Ihr Vater hat ungefähr zur selben Zeit auch überlegt, ob er die Mutter und die Familie verlässt.« Wir haben also bereits einen emotionalen Erlebniszusammenhang oder eine Lerngeschichte, ganz wie man es nennen möchte.

Mit beiden ist Martin für sich aber immer noch nicht weitergekommen. Er hat zwar Einsichten gewonnen, aber diese Einsichten liegen alle auf Wilbers Ebene 2, also im Kopf. Was ein Hypnotherapeut jetzt mit einer Altersprogression macht, ist, ein Erlebnis zu initiieren, eine Trance zu *erleben*. Es ist keine kognitive Entrückung, sondern man *fühlt* das. Martin sieht sich mit einem sanften Mitleid in seiner Geschütteltheit, aber er ist in der Trance an einem Ort, an dem sich das Ganze schon wieder gelöst hat.

Der Blick kann sich so auf einen größeren Lebensbogen richten statt nur auf den Knoten, der im Jetzt liegt. Die Idee, einen tragfähigen anderen Persönlichkeitsanteil ins Spiel zu bringen, hat dabei vielleicht einen Bezug zu einer Art Gesetzmäßigkeit im jeweiligen Leben.

Der wesentliche Punkt wäre mir die Maßgabe, dass es eine richtige Entscheidung gibt, obwohl diese richtige Entscheidung noch nicht bewusst ist. Diese Aussage führt schon zu einem tieferen Lebensgefühl und damit auch zu einer Art persönlicher Wahrheit. Das merkt man hinterher daran, wie Leute erzählen, die eine für sich richtige Entscheidung getroffen haben. Sie sagen etwa, die Entscheidung sei ganz furchtbar gewesen, weil sie wussten, dass sie Leid zufügen würden, aber sie hätten gemerkt, dass sie nichts anderes mehr tun konnten – alles andere hätte sich seelisch falsch angefühlt. Daran erkennt man ja eine konsistent getroffene Entscheidung, dass sie nicht unbedingt vernünftig, aber eben gefühlsmäßig stimmig ist.

Dostojewski hat sinngemäß mal gesagt: Jeder Mensch ist von Gott auf eine bestimmte Art gemeint. Das ist eine religiöse Sichtweise, aber man kann sie auch ganz praktisch verwenden, wenn man das Konzept der Primärpersönlichkeit hinzunimmt. Erich Fromm meinte ja, das primäre Analyseziel sei, ganz der zu werden, der man eben ist. Dann würde so ein Mensch wie Martin zu einer stimmigen Entscheidung vielleicht sagen: »So, wie ich bin – oder mit Dostojewski: wie Gott mich gemeint hat, war diese Entscheidung die richtige, denn sie entsprach mir.«

Der Vorwurf dieser Haltung gegenüber ist, dass damit die persönliche Verantwortung abgegeben wird. Das war nicht ich, sondern Gott hat es so gewollt.

MILZNER Es ist ein Unterschied, ob ein Mensch die Verantwortung für sein Handeln delegiert oder ob er Stimmigkeit erfährt zwischen dem, was er tut, und dem, was er als sein Selbst erkannt hat. Die eigene Person als gottgewollt oder spirituell eingebettet zu erfahren bedeutet ja nicht, Handlungen nicht mehr vertreten zu müssen. Aber es schafft einen Rahmen, um auch heikle Entscheidungen mit ihren tragischen Begleitumständen aushalten zu können. Liebe Gott, und dann tu, was du willst, sagte Augustinus. Aber er meinte eben das, was ein Mensch *wirklich* will, und nicht das, worauf er gerade Bock hat oder was ihm leichter in den Kram passt. Oberflächlicher Hedonismus oder ein das verantwortliche Selbst negierendes Abhängigkeitskonstrukt sind hier nicht gemeint.

UTSCH Die unterwürfige Haltung, mit der manche Patientinnen und Patienten ihre Eigenverantwortung an Gott oder ein höheres Wesen delegieren, muss im Einzelfall als Spiritualisierung einer psychischen Störung erkannt und benannt werden. Gerade bei hochreligiösen Patienten findet häufig eine ungesunde Vermischung zwischen einer spirituellen und psychologischen Interpretation statt. Die eigene Entscheidungsschwäche wird durch ein angeblich frommes Verhalten übertüncht. Christlichen Patienten könnte man da ganz gut entgegenhalten, dass Gott den Menschen nach seinem Ebenbild erschaffen und ihn mit einem freien Willen ausgestattet hat, damit er selbst schöpferisch und eigenverantwortlich tätig werde.

Kassenfinanzierte Therapien werden nicht dafür bereitgehalten, mit jemandem wochenlang darüber zu philosophieren, ob Nietzsche oder die Bibel recht hatte. Das wird von den Kassen nicht bezahlt, und zwar aus guten Gründen.

MILZNER Deshalb bin ich auch aus guten Gründen kein Kassentherapeut. Aber im Ernst – das stimmt so nicht ganz: Carl Gustav Jung betrachtete in seinen Analysesitzungen durchaus auch weltanschauliche Fragen, und Aaron Becks Ansätze zur kognitiven Verhaltenstherapie sind stark vom philosophischen Gespräch geprägt, nicht von Nietzsche oder der Bibel, aber die Stoiker erkennt man schon. Dass Weltanschauungen das Lebensgefühl prägen, ist ja klar. Und als Therapeutinnen und Analytiker würden wir sie vielleicht nicht diskutieren, aber doch die Frage stellen, warum jemand denn einer bestimmten Weltanschauung stärker zuneigt oder was ihn an ihr fasziniert.

Die Weltanschauung, die man wählt, sagt ja viel über die Person aus.

Utsch Natürlich darf eine Therapiesitzung nicht in einen Streit um die richtige Weltanschauung münden – das wäre fatal! Aber es ist doch unbestreitbar, dass religiöse oder spirituelle oder weltanschauliche Konflikte, Probleme und Krisen zugenommen haben. Wir haben vorhin schon über den Tatbestand gesprochen, dass die Vielfalt der Weltanschauungen und der Pluralismus die heutige Gesellschaft vor eine echte Zerreißprobe stellen und dass weltanschauliche, religiöse und spirituelle Konflikte zugenommen haben – ich nenne nur mal die Stichwörter »Pegida« und »Antisemitismus«. Diese Unübersichtlichkeit und der Kampf um die richtige Weltsicht schlagen sich natürlich auch im einzelnen Leben nieder.

Im psychiatrischen Klassifikations- und Diagnoseschlüssel DSM-IV gibt es auf der V-Achse die Kategorie »religiös-spirituelles Problem«. Sie kann dann vergeben werden, wenn aus einer klinischen Perspektive festgestellt wird, dass Sinnfragen, Glaubenskrisen, eine Konversion oder das Infragestellen bisheriger Glaubenssysteme und die damit verbundene Neuorientierung zu einer psychischen Störung geführt haben. Dann kann es auch mal nötig sein, über Nietzsche oder einen Bibelvers zu reden.

Milzner Da stimme ich sofort zu. Ich kenne durchaus den Typus des intellektuellen Depressiven, der vielleicht eine universitäre Anstellung hat, philosophisch sehr geschult ist und der genau mit solchen schwermütigen Gedanken in psychotherapeutische Gespräche kommt. Das ist den Kassen nur schwer zu vermitteln. So jemand spricht mit einer Art kaltem Pathos aus seiner Depressivität heraus, von einem »point of no return«, der Sinnlosigkeit allen Seins und ähnlichen Dingen. Der wird vielleicht sagen: »Herr Milzner, wenn Sie jetzt mal mit Nietzsche da rangehen, dann können Sie das Leben nur noch ästhetisch rechtfertigen, einen Sinn hat das Ganze nicht.« Ich wäre ja dumm, wenn ich darauf nicht einsteigen würde.

Für uns Hypnotherapeuten gibt es die Idee der Utilisation, das heißt, wir nehmen alles, was der Patient bietet, als Chance für einen therapeutischen Einstieg. Das heißt, wenn ich mir zutraue, da mitzuhalten, dann antworte ich zum Beispiel: »Na ja, gut, ob Nietzsche recht hat oder nicht, das können wir ja auf zwei Ebenen verhandeln. Wir können uns erstens fragen, was hat das denn für *Ihr* Leben für eine Bedeutung, wenn Nietzsche recht hätte, oder was eben wäre, wenn er nicht recht hätte. Die zweite Ebene, die wir uns anschauen könnten, ist, was das denn eigentlich für Nietzsche selbst bewirkt hat, wenn er glaubte, dass er recht habe.«

Bei Ebene Nummer zwei würde der intellektuelle Patient vielleicht zunächst abwehrend sagen: »Ja, das sind klassische Analytikerfragen.« Dem ließe sich wiederum mit Verweisen auf andere Philosophen begegnen. Wenn jemand wie Schopenhauer, der nie Geld verdienen musste und aus seinem Nicht-Geld-verdienen-Müssen heraus eine zutiefst pessimistische Philosophie formulierte, dann könnte ich auf einer ganz basalen Ebene fragen: Was soll das? Warum verbreitet jemand Lehren, die allen, die sie lesen, Traurigkeit, Schmerz und Sinnlosigkeitsgefühle verursachen? Welches Motiv hat der? Das heißt, ich könnte damit eine Debatte beginnen, die *unter* das führt, was das vordergründige geisteswissenschaftliche Angebot darstellt. Dann endlich wird es persönlicher.

UTSCH Der philosophisch gebildete Patient, der zu Ihnen kommt, hat natürlich Glück, weil Sie ein religionskundliches, philosophisches Vorwissen haben. Ganz viele Therapeutinnen und Therapeuten aber – das belegen auch neuere Befragungen von Henning Freund und Kollegen – fühlen sich bei Themen der Weltanschauung, der Religion, der Spiritualität unwohl, weil das eben in den Ausbildungen bisher kaum thematisiert worden ist. Im Grunde brauchen wir zu diesen Themen bessere Weiterbildungen, um gesprächsfähig zu werden, um eine gewisse Resonanz geben zu können und um zu verstehen, wenn jemand in solchen Zweifelsfragen steckt. Für eine Patientin, die bei den Zeugen Jehovas ist oder aus einer russlanddeutschen Aussiedlergemeinde kommt oder intensiv buddhistisch meditiert, brauche ich gewisse Vorkenntnisse und ein Grundverständnis des jeweiligen Glaubens, um sie angemessen behandeln zu können.

Manche Kolleginnen und Kollegen übersehen, dass sich unsere Gesellschaft in den letzten Jahren sehr verändert hat. Es gibt erstaunlich viele Hochreligiöse, das heißt Menschen, für die ihr religiöser Glaube ein zentraler Bestandteil ihres Selbstverständnisses, ihrer Identität geworden ist. Das hat sich in den letzten zehn Jahren verändert, jedenfalls laut Religionsmonitor von 2013.

Religiosität hat man früher daran gemessen, wie häufig jemand den Gottesdienst besuchte. Das hat sich natürlich als irreführend erwiesen – es gibt sehr religiöse Menschen, die selten in einen Gottesdienst gehen. Auch in Deutschland beschreibt sich heute eine Drittel der Bevölkerung eher als spirituell denn als religiös – Tendenz steigend. Die aktuelle Religionsforschung arbeitet mit dem Religiositäts-Struktur-Test von Stefan Huber, der nach Zentralität und Inhalt fragt. Zunächst wird inhaltlich ermittelt, was die Glaubensgrundsätze und ihre Bedeutung für die Alltagsgestaltung von jemandem ausmachen, danach, welche Zentralität dieser Glaube für die Identität der Person besitzt. Das ist ein sehr elaboriertes Fragebogensystem. Ich frage Sie beide mal: Wie viel Prozent der Deutschen sind heute hochreligiös, was glauben Sie?

Ich würde sagen, fünfzehn Prozent, und wiederum achtzig Prozent davon auf dem sogenannten flachen Land.

UTSCH Das ist eine ganz gute Schätzung. Ich selbst hatte gedacht, dass das eher das im einstelligen Prozentbereich liegen würde. Ich lebe allerdings in Berlin, da ist es vielleicht auch noch mal etwas anders. Nein, es sind neunzehn Prozent, nach dem Religionsmonitor von 2013. Durch die Migrationswellen hat das jetzt aber noch mal zugenommen, wahrscheinlich jedenfalls. Man kann also feststellen, etwa ein Fünftel der deutschen Bevölkerung ist hochreligiös.

Das bedeutet für Therapeuten, dass jeder fünfte Patient, statistisch gesehen, der da vor mir sitzt, ein hochreligiöser Mensch sein kann. Psychotherapeuten sind aber in der Regel säkular, sind religiös eher distanziert. Trotzdem muss jemand kultursensibel und religionssensibel in der Lage sein, da anzuknüpfen, um herauszufinden, was der Glaube für jemanden bedeutet. Sie müssen dann mit Nietzsche oder Schopenhauer, Koran- oder Bibelversen umgehen, wenn das von einem Patienten kommt, bei dem der Glaube eine zentrale Bedeutung hat. Wir müssen anknüpfen können und gesprächsfähig sein und auch Resonanz geben können. Das ist eine wichtige Weiterbildungsaufgabe.

Milzner Wobei das natürlich unglaublich ausufern kann, wenn ich mich differenziert in die Details begebe. Dann müssten Therapeuten wissen, was Evangelikale glauben, Katholiken von Altkatholischen unterscheiden können, die historischen Ausgangsbedingungen für den Konflikt zwischen Schiiten und Sunniten kennen ... Das geht schon rein vom Umfang her nicht. Als Therapeut muss man nicht alles wissen, man kann nachfragen und sich das erklären lassen.

Jetzt sind wir natürlich auf der inhaltlichen Ebene, aber die Frage bleibt ja, was das mit dem Leben des Klienten zu tun hat. Dazu müssen Therapeuten nicht differenziert religiöse Richtungen abgrenzen können, sondern sie müssen eine Offenheit für diese Fragen mitbringen. Mit einem Philosophiedozenten einer Hochschule kann sowieso kein Therapeut mithalten, aber darum geht es auch nicht.

Utsch Sie haben recht. Es ist nicht nötig, dass ich die komplette Religionskunde parat habe – das wäre sicher eine Überforderung. Es gibt ein Handbuch zu den Religionen in Berlin, darin werden über vierhundert Gruppen vorgestellt, und es ist dreihundert Seiten stark. Das muss kein Therapeut draufhaben. Aber: Ich kenne einige Kolleginnen und Kollegen, die einen antireligiösen Affekt haben. Hier liegt eine wesentliche Aufgabe in der Aus- und Weiterbildung. Und wenn ich einen solchen antireligiösen Affekt bemerke, frage ich nach: »Kann es sein, dass da in deiner religiösen Biografie möglicherweise etwas noch nicht ganz klar ist?«

Auch Therapeuten müssen das Bedürfnis nach Spiritualität wahrnehmen, denn für ein Fünftel der Deutschen hat das eine hohe Relevanz. Ich sage ja nicht, dass sich jeder Mensch in diese Richtung weiterentwickeln muss, aber ich als Therapeut muss erst mal anerkennen, dass auch in einer säkularen Gesellschaft viele Menschen gläubig sind.

Wahrheiten

Gehen Sie beide noch mit dem Wahrheitsbegriff um?

MILZNER Absolut!

UTSCH Oh, aber die Vorstellung einer absoluten Wahrheit halte ich für gefährlich.

MILZNER Nein, so habe ich das »absolut« auch nicht gemeint. Aber ich unterscheide durchaus etwas, was in höherem Sinn wahr sein kann, von dem, was wir als konstruierte Wirklichkeiten bezeichnen.

UTSCH Gibt es Wahrheit in der Wirklichkeit? Wenn wir davon ausgehen, dass es sehr unterschiedlich gestaltete Wirklichkeiten gibt, muss ich immer annehmen, dass es subjektiv auch sehr unterschiedliche Wahrheiten gibt. Wenn ich mit dem Modell der Perspektivität rangehe und sage, die absolute Wahrheit ist mir verschlossen, dann sollten wir an vielen Stellen mehr schweigen und einfach sagen, dass wir etwas nicht wissen, dass wir dabei sind, persönliche Erfahrungen zu machen und uns vortasten. Etwas gilt zunächst einmal nur für mich und meinen Erfahrungsraum, deshalb ist es nicht mein Recht, von meiner subjektiven Erfahrung allgemeine Gesetzmäßigkeiten aufzustellen, denen sich dann alle anderen zu unterwerfen hätten. An der Stelle bin ich auch ein Kritiker von Wilber und seiner transpersonalen Vorstellung, der ja doch mit so einem Schematismus und einem zwanghaften Ordnungssinn versucht, das ganze Wissen in Tabellen zu fassen.

Gibt es Wahrheit? Es gibt subjektive Wahrheiten, ja. Aber was die absolute Wahrheit angeht, da halte ich mich zurück. Für mich als gläubiger Mensch unabhängig von meiner Therapeutenrolle gibt es so etwas wie Offenbarung, aber das ist natürlich eine theologische Kategorie und eine andere Autorität.

Aus meiner Perspektive gilt das, was *ich* als hilfreich empfinde. Ob das für einen anderen Menschen auch Gültigkeit haben und Bedeutung gewinnen kann, weiß ich nicht, sodass ich sagen würde: »Probier es aus, es lohnt sich!« Aber ich würde nicht sagen, dass ich das autoritär oder mit generellem Anspruch an Menschen herantrage.

MILZNER Ich persönlich würde den Wahrheitsbegriff auch eher individualisieren, aber ich würde ihn nicht dem Konstruktivismus überlassen, denn ich glaube, dass »Wahrheit« etwas jenseits von Wirklichkeitskonstruktionen ist. Ich nehme Ihr Beispiel mal auf, das des religiösen Menschen:

Ich habe vor zwei Jahrzehnten mal an einer Veranstaltung teilgenommen, da wurde heftig über konstruktivistische Therapie debattiert, und ich habe dort im Kollegenkreis ein Fallbeispiel vorgestellt von einer Frau, deren Leben eine dramatische Wendung genommen hatte, nachdem sie ein Nahtoderlebnis aufgrund eines schweren Unfalls gehabt hatte. Sie beschrieb das teilweise so, wie es bei uns kulturell öfter vorkommt, nämlich als die Begegnung mit einer lichten Gestalt. Aber es war in ihrer Beschreibung noch etwas anderes zu finden, und zwar eine Aufforderung: »Du musst dein Leben verändern! Du lebst falsch, und das muss anders werden!« Das war überhaupt der Grund gewesen, warum sie zu mir in Therapie kam, weil sie sagte, ich muss anders leben, aber ich weiß noch nicht, wie. Die ganze Therapie basierte darauf, anzunehmen, dass das eine *wahre* Erkenntnis gewesen sei. Das ließ sich mit ihr nicht diskutieren.

Bei dieser Veranstaltung nun wurde das dann aber sehr heftig diskutiert. Ein Kollege aus der Kognitiven Verhaltenstherapie, damals schon Professor, sagte zu mir: »Ja, aber du könntest doch ganz anders da herangehen, du könntest ihr sagen, was im Gehirn passiert.« Ich war damals ein bisschen frappiert, weil mir das so unfassbar banal erschien. Ich dachte, mein Gott, ja, aber wir erklären doch auch nicht jedem Menschen, der sich verliebt hat, was gerade mit seinem serotonergen System passiert und wie sich Liebe neuronal beschreiben ließe. Das geht natürlich, aber was nützt ihm das? Es wird die Gefühlsqualität ja nicht verändern und soll es doch auch gar nicht. Ein anderer Kollege meinte, man müsse das doch sehr vorsichtig angehen, das Verhalten der Frau könnte ja auch wahnhafte Züge haben, ein so extremes Aufgeben aller alten Lebensbezüge könnte dazu führen, dass diese Person plötzlich hergehe und nicht mehr gut für sich sorge, vielleicht den Kontakt zur Familie aufgebe, eine beruflich sehr aussichtsreiche Entwicklung störe, die ihr nämlich inzwischen völlig sinnentleert erschien, und so weiter. Um all diese Themen ging es bei ihr. Und ein dritter Einwand war, dass jemand sagte, wir wüssten doch ganz genau, dass Nahtoderfahrungen ein westliches Kulturphänomen seien, dafür brauche man eine bestimmte neuronale Hirnmodellierung, sonst nehme man das gar nicht so wahr.

Das alles ist ja richtig, aber trotzdem bin ich ganz sicher: Hätte ich der betreffenden Frau das alles erklärt, wäre es dennoch abgeprallt, denn in diesen Erklärungen war nur das im Spiel, was bei Wilber das Auge des Geistes und das des Fleisches ist, nämlich ein auf Messungen beruhender, naturwissenschaftlicher Erklärungsansatz. Die Erfahrung der betreffenden Frau ereignete sich aber auf einer anderen Ebene, eben der einer Begegnung mit etwas, was sie als übergeordnet, als höher erfuhr. Alles, was sich hier therapeutisch machen ließ, war, das erst mal als nicht diskutierbare Wahrheit anzunehmen.

Über Wirklichkeiten kann man diskutieren, über Wahrheiten nicht. Wirklichkeiten werden sozial konstruiert, aber wie soll man sich eine Konstruktion in einem solch kurzen Zeitraum vorstellen, zumal das Erlebte dem bisherigen Lebensmodell der Patientin durchaus widersprach? Bei Wahrheiten, glaube ich, kann man höchstens eine andere tiefe Erkenntnis danebenstellen, etwa mit dem schönen Satz von Niels Bohr, auf der banalen Ebene sei das Gegenteil von wahr falsch, auf der höheren Ebene aber sei das Gegenteil von wahr auch wahr. So kann man, finde ich, durchaus mit »Wahrheiten« arbeiten. Und ich halte es auch für grenzwertig, spirituell erlebte Wahrheit diskutieren zu wollen. Ich habe selbst auch Erfahrungen auf dieser Ebene, die ich nicht diskutiere.

Jetzt wird der Wahrheitsbegriff subjektiviert und beinahe privatistisch – er ist zu einer Glaubensfrage geworden.

Milzner Wir können den Wahrheitsbegriff auch anders verstehen als im postmodernen Sinn als Privatsache. Da würden wir zum Beispiel bei der »philosophia perennis« herauskommen. Aldous Huxley hat den Begriff in Anlehnung an Leibniz benutzt. Bei Huxley bezeichnet er jene Essenz bleibender Wahrheiten, die sich durch die Jahrhunderte hindurch und über die Kontinente hinweg immer wieder in Religionen und spirituellen Lehren haben finden lassen. Was überall vorkommt und von allen essenziell bejaht wird, das könnte über konstruierte Wirklichkeiten hinausgehen und dann etwas sein, was tatsächlich wahr-haftig ist.

Wohlgemerkt – hier geht es nicht um einen Theorienstreit oder um Meinungsdebatten. Mir ist vollkommen klar, dass der Wahrheitsbegriff bei Fundamentalisten und verstörten Einzelnen nicht gut aufgehoben ist, aber ihn in spiritueller Hinsicht ganz zu verwerfen, hieße, das Kind mit dem Bad auszuschütten.

In der »philosophia perennis« geht es auch überhaupt nicht ums Rechthabenwollen einiger Radikaler und ebenso wenig um akademische Behauptungen, sondern um die Schnittmenge spiritueller Erkenntnisse über die Zeiten und die Orte hinweg. Zu diesen Erkenntnissen gehört zum Beispiel das Wissen über spirituelle Krisen, das Platon schon hatte, als er vom göttlichen Wahnsinn sprach, der vom banalen Wahnsinn zu unterscheiden sei. Josef Pieper hat dazu ein interessantes Buch mit dem Titel »Göttlicher Wahnsinn« geschrieben. Oder die Erkenntnis, dass das Göttliche gesucht werden muss, das heißt, es muss ein Streben nach der Erkenntnis vorhanden sein, und sei es noch so unbewusst und so klein.

UTSCH Bei der Suche nach Kriterien für »glückliches« Leben fällt heute psychologischen Erkenntnissen eine hohe Bedeutung zu. Das 20. Jahrhundert wird von manchen Historikern als »Jahrhundert der Psychologie« charakterisiert, wie es Miriam Gebhardt beschrieben hat. In nur wenigen Jahrzehnten gelang dieser Wissenschaft vom menschlichen Erleben und Verhalten der Sprung von einem akademischen und gesellschaftlichen Nischendasein zu einer viel beachteten Leitwissenschaft. Die Zahl der Psychologiestudenten verzehnfachte sich zwischen 1960 und 1980. Heute zählt Psychologie zu den beliebtesten Studienfächern in Deutschland. Psychologische Deutungen sind überall gefragt – nicht nur in der Krankenbehandlung, sondern in der Wirtschaft, der Personalführung, dem Sport und natürlich zur individuellen Persönlichkeitsentwicklung, Stressbewältigung und Verbesserung der zwischenmenschlichen Beziehungen.

Psychologisches Wissen verspricht Aufklärung, Verständnis und Hilfe für sich selbst im Umgang mit negativen Gefühlen. Es liefert Methoden zu einem besseren Kontakt mit anderen, beschreibt Wege zum Wohlbefinden und ist damit für viele säkulare Menschen zur »Religion unserer Zeit« geworden, wie es Jens Bergmann in »Der Tanz ums Ich« bezeichnet hat. Nach dem Niedergang der großen universellen Heilslehren von Christentum, Sozialismus und Kommunismus wurde für viele die Psychologie zum individuellen Glücksbringer und Garanten für ein gelingendes Leben. Aber aus meiner Sicht wird die Psychologie total überschätzt, nämlich dann, wenn in ihr »Wahrheit« gesucht wird. Für diese Frage sind die Philosophie und die Religion zuständig, denn welche Psychologie soll die wahre sein? Es gibt doch Hunderte von Ansätzen und Schulen – welche stimmt? Was aber nützt detailliertes Faktenwissen, wenn es an Weisheit zum richtigen Umgang damit mangelt?

Persönlichkeitsbildung benötigt mehr als eine Ansammlung psychologischen Wissens. In der heutigen Informationsgesellschaft sind nicht mehr Fakten, sondern ist »Orientierungswissen« gefragt. Hier kommen die Werte und die Ethik ins Spiel, letztlich religiöse Fragen nach dem richtigen Handeln. Wir brauchen Menschen, die gefundene Informationen mit Weisheit auswerten und individuell anwenden. Der verantwortliche Umgang mit den Fakten erfordert eine weltanschauliche Orientierung – sei sie religiös oder säkular ausgerichtet.

Warum machen wir denn überhaupt Annahmen über unsere Wirklichkeit hinaus, also über das hinaus, was wir unmittelbar erfassen können?

MILZNER Aus evolutionspsychologischer Sicht würden wir sagen: Das liegt an unserem wunderbaren Neokortex.

Vorsicht, jetzt droht Banalität.

MILZNER Das ist einerseits ja auch banal. Unsere neuronale Ausformung hat uns dahin gebracht, dass wir bestimmte Funktionen besonders gut wahrnehmen können, andere weniger. Unsere Instinkte funktionieren eher mäßig, wir sind gezwungen, das auszugleichen. Hier aber liegt auch eine Basis der menschlichen Anpassungsfähigkeit. Uns Menschen gibt es ja überall auf der Welt; Löwen und Eisbären nicht. Eine von den ungemein gut angelegten Funktionen, die uns erlaubt, ganz unterschiedliche Biotope zu besiedeln, ist nun das Denken über. Dieses Denken hat eine kreativ-schöpferische Seite, die sich wahnsinnig bewährt und viele große Leistungen hervorgebracht hat. Dadurch werden Landschaften kultiviert, naturwissenschaftliche Hypothesen formuliert, Heilmethoden gefunden, Techniken ausgeformt, Filme gedreht und gesellschaftliche Modelle entwickelt. Auf dieser Ebene gibt es auch ein fortwährendes

Ausschließen und wieder Neuformulieren von Annahmen. Das macht es eben so kreativ.

Es gibt allerdings eine andere Ebene, da fängt dieses Denken an, leerzudrehen – und das ist die, mit der wir es als Kliniker zu tun haben. Leerdrehen wäre beispielsweise das, was der depressive Mensch tut. Der depressive Mensch ist permanent auf der Denkebene. Was er nicht bemerkt, ist, dass er sich hierbei in Denkschleifen bewegt. Er denkt nicht mehr schöpferisch, und vor allem *fühlt* er kaum. Viele ängstliche Patienten sind ähnlich: Sie sind mit einem einzigen Gefühl hoch identifiziert, und der Rest läuft wieder auf der Denkebene ab. Insofern ist das, was uns zu den anderen Menschen hinbewegt, einerseits Teil unserer kreativen Welterschließung, aber andererseits ist eben mit der Ausformung dieser Kompetenzen wieder etwas entstanden, was wir vorher so nicht hatten, nämlich ein neues Pathologiepotenzial.

UTSCH Ich würde diese Frage anders angehen: Wozu brauchen wir Annahmen? Als Mensch bin ich konfrontiert mit der Endlichkeit. Wir Menschen können nur sehr schlecht mit dem Gefühl der Unsicherheit leben: Wie viel Lebenszeit steht mir noch zur Verfügung? Wie wird mein Sterbensprozess verlaufen? Wird dann jemand bei mir sein? Und was kommt nach dem Tod – ist dann alles vorbei? Ich brauche Bedingungen der Sicherheit und der Kontrolle. Dann fühle ich mich geborgen, denn ich möchte mich irgendwo beheimaten, ein Lebensgebäude finden, in dem ich mich wohlfühle. Diese existenzielle Unsicherheit treibt mich dazu an, mich auf die Sinnsuche zu begeben. Sie führt dazu, dass ich mir ein Modell baue und verstehen möchte, woher ich komme und wohin ich gehe. Was ist Zufall, was bedeutet Schicksal? Kommt nach dem Tod noch etwas? Wie ist das mit dem Schuldigwerden? Ich werde doch auf jeden Fall schuldig, weil ich als Mensch fehlbar bin, aber was mache ich mit meinem Schuldigwerden, was gibt meinem Leben Bedeutung, was macht es trotzdem sinnvoll?

Aber wie kommen Sie jetzt auf Schuld? Was soll das sein? Als Mensch mache ich Fehler, ja, aber was meint hier »Schuld«? Die scheint mir eher eine religiöse Setzung zu sein.

UTSCH Es stimmt, dass manche hochreligiöse Menschen von neurotischen Schuldgefühlen geplagt werden. Sie haben für sich unmenschliche Ideale von Perfektion, moralischer Makellosigkeit und Reinheit aufgestellt und scheitern immer wieder daran. Das meine ich nicht. Ich denke vielmehr an den Vater, dem klar wird, dass er seinem Sohn nicht die Aufmerksamkeit und Begleitung geschenkt hat, die er eigentlich so dringend benötigt hätte: gemeinsame Zeit in der Natur, beim Handwerken, im freundschaftlichen Gespräch. Auch wenn ich mich anstrenge, ein guter Vater oder guter Partner zu sein – ohne Fehler, ohne ein Schuldigwerden gelingt das nicht. Und was, wenn ich aus Unachtsamkeit ein Rad fahrendes Kind mit meinem Auto verletzt habe? Das Leben kann so grausam sein …

Derartige existenzielle Fragen der Einsamkeit, des Verlustes, des Scheiterns beschäftigen doch jeden Menschen. Deshalb baue ich mir ein Weltbild und konstruiere ein Sinnsystem. Das gibt mir Sicherheit. Jede Weltanschauung, jede Religion ist so ein Versuch, mit dem Tragischen und Absurden und dieser existenziellen Unsicherheit irgendwie umzugehen.

MILZNER Mit dem Schuldkonzept tue ich mich schwer. Wenn wir sagen, dass wir etwa als Eltern oder Lebensgefährten Fehler machen, dann muss das deswegen noch nicht heißen, dass wir schuldig werden. Schuld gibt es ja eigentlich nur im theologischen oder im juristischen Sinn. Auf der zwischenmenschlichen Ebene handelt es sich bei dem, was fälschlich »Schuld« genannt wird, meist um etwas anderes, nämlich um Fehler, die ich bereuen kann, oder um Verantwortungen, denen ich mich stelle. Reue und Verantwortung wären Begriffe, die auch therapeutisch hilfreiche Prozesse in Gang bringen können, weil sie Handlungskorrekturen bewirken. Das Schuldkonzept erlebe ich eher als lähmend. Übrigens ist auch der Begriff »Schuldgefühle« etwas irreführend, weil Schuld ja als ziemlich theoretisches Konzept nicht gefühlt werden kann. Ein Junge, der einem Tier wehgetan hat, kann das bereuen, wenn er nachfühlt, was das Tier empfunden hat, er kann traurig sein, Angst vor Strafe haben und so weiter. Aber Schuld? Besser, wir zeigen ihm, wie er Verantwortung übernimmt, indem er das Tier schützt und Schwächere nicht quält.

Aber kommen wir noch einmal auf die Frage nach den Annahmen über die Welt zurück. Da sind wir in unserem Gespräch nun schon einen Schritt weiter, nämlich bei der Fragestellung, wie Annahmen dazu führen, dass wir Weltbilder bauen. Annahmen haben ja noch etwas Hypothetisches und gewähren daher keine Sicherheit, sondern bieten nur Möglichkeiten an. Ein Weltbild dagegen gibt Sicherheit – manchmal auch zu viel Sicherheit, wie wir an den Fundamentalisten sehen.

UTSCH Natürlich. Ich baue mir ein Weltbild, um eine gewisse Sicherheit zu erreichen. Selbstverständlich sind alles nur Annahmen über den Menschen, es sind Hypothesen, die ich nicht verifizieren oder falsifizieren kann. Ich kann höchstens spüren, dass ich mich in meinem Lebenshaus wohlfühle, dass es zu mir passt, dass es stabil und für mich in Ordnung ist – und das alles muss sich im Alltag bewähren. So liefert mir mein Weltbild Stabilität und Sicherheit und eine Art von Kontrolle. Natürlich kann ich es letztlich nicht wissenschaftlich überprüfen. Weltbilder beruhen auf Glaubensannahmen – das kann ein materialistischer Wissenschaftsglaube oder ein religiöser Glaube sein. Beide Modelle sind Annahmen darüber, wie das Leben funktioniert. Ich möchte mich eben nicht als ein Spielball des Schicksals sehen, denn das erleben viele Menschen als sehr verunsichernd.

Wenn ich mir so ein Haus gebaut habe, dann bietet mir das eine Sinndeutung. Dabei darf ich nicht vergessen, dass mein Haus und meine Brille, die ich aufhabe, unter Umständen von meinem Gegenüber nicht geteilt werden. Er kann ein anderes Wertegerüst und andere Ideale und andere Bedingungen haben. Das ist heute die große Herausforderung, das Gespräch zwischen Vertretern eines säkularen und eines religiösen Weltbildes zu fördern, damit wir nicht im Populismus und im Fanatismus und in Polarisierungen enden, sodass wir kaum noch in der Lage sind, zwischen unterschiedlichen Weltbildern und Sinnkonstruktionen Brücken zu bauen.

Gut, machen wir genau da weiter: Gerade für diese Annahmen und für diese Weltbilder und Weltanschauungen sind wir seit Jahrhunderten und Jahrtausenden bereit, ein Blutvergießen zu veranstalten, für das es keinen Vergleich gibt. Gerade für das, was wir nicht belegen können, sind wir bereit, sogar zu morden und andere abzuschlachten, und zwar massenhaft. Wer hat mehr Blutvergießen in die Welt gebracht als Menschen, die von sich behaupteten, an einen Gott zu glauben?

UTSCH Gewiss haben Religionen zu Gewalt geführt, und leider tun sie es noch immer. Aber das gilt nicht minder für den Nationalismus Nazi-Deutschlands oder den Kolonialismus und Imperialismus europäischer Staaten. Die schlimmsten Vernichtungssysteme von allen waren wohl die atheistischen Ideologien in der Sowjetunion unter Stalin, im kommunistischen China unter Mao und in Kambodscha unter Pol Pot. Die ideologische Aufladung von Ideologien bis zum Fanatismus – wir erleben das hautnah in den letzten Jahren bei der Radikalisierung von deutschen Jugendlichen durch Islamisten –, genau das macht doch deutlich, wie wichtig und wie existenziell notwendig und bedeutsam Glaubensannahmen für uns Menschen sind, wie wenig verhandelbar sie sind, weil ich meine kleine Sinnkonstruktion als absolut setze und andere bis aufs Blut bekämpfe. Den Dialog mit dem fremden Glauben und mit anderen kulturellen Werten haben wir noch nicht gelernt, darin sind wir ganz schlecht. Da sehe auch ich einen ganz großen Nachholbedarf, da haben wir keine gute Gesprächskultur.

MILZNER Ist das denn wirklich so, dass alle anscheinend religiösen Auseinandersetzungen auch aus religiösen Gründen geführt werden? Das sieht aus wissenschaftlicher Perspektive ganz anders aus. In der »Encyclopedia of Wars« von Charles Phillips and Alan Axelrod wurden über 1.700 kriegerische Auseinandersetzungen auf ihre Entstehungsbedingungen hin untersucht. Nur sieben Prozent davon ließen sich nach Ansicht der Studienleiter als religiös motiviert ansehen. In allen anderen Fällen waren die wesentlichen Motive zum Beispiel wirtschaftlicher oder territorialer Natur. Das heißt nicht, dass Religion dabei gar nicht in Erscheinung trat, aber die Forscher meinten eben, sie sei nur sehr selten *primär* für Kriege verantwortlich.

Ich bin kein Religionswissenschaftler und habe nicht genug Überblick, um zu wissen, ob es tatsächlich ein Merkmal von Religionen ist, dass sie andere Religionen angreifen. Wenn ja, wäre auch dies möglicherweise auf banalere Ebenen zurückführbar. Auch Schimpansen greifen andere Schimpansensippen an, ohne dass man bei ihnen Glaubenssysteme nachweisen könnte. Ist das also vielleicht erst einmal eine Begleiterscheinung des höheren Säugetieres, dass es Sippenkriege führt, die manchmal damit zu tun haben, wer die schöneren Weibchen hat, manchmal damit, wer über die saftigeren Blätter verfügt, wer die Goldschätze hat oder was auch immer? Und spielt in der Gewaltbereitschaft insbesondere archaischer Religionen möglicherweise auch eine Rolle, dass man die Gewalt nach innen verhindert, indem man das Gewaltpotenzial auf etwas Äußeres richtet, etwa auf andere Glaubensgemeinschaften? Das wären dann eher sozialpsychologische Faktoren, die mit Stammesstrukturen und dem Zusammenhalt einer Gemeinschaft zu tun hätten, die religiös bestimmt sein kann, aber nicht muss.

Mit Fragen wie diesen möchte ich es den »Neuen Atheisten«, Leuten wie Sam Harris oder Richard Dawkins, nicht so leicht machen. Beide argumentieren so wie Sie soeben, Herr Britten. Sie geben vor, wenn wir die Religionen ausmerzen, dann fällt auch die Basis für fundamentalistische Kriege weg. Blickt man auf die Wissenschaft, muss man sagen: Das ist Blödsinn. Man kann nicht behaupten, dass die Oktoberrevolution von 1917 irgendeine Art von Religion brauchte, um Leute umzubringen. Mao brauchte das auch nicht. Und die Französische Revolution hat ganz ohne größeres religiöses System Massaker angerichtet.

Das ist jetzt ein logisch unzulässiger Taschenspielertrick, die Umkehrung zu betreiben und damit etwas beweisen zu wollen. Bei religiösen Menschen findet man immer wieder die Argumentationsfigur, die Radikalen seien ja nicht wirklich religiöse Menschen, sondern Terroristen. Damit versucht man, die eigene Religion reinzuwaschen. Die Fanatiker auf allen religiösen Seiten halten sich sogar für die einzig wahren Gläubigen. Wer kann in religiösen Glaubensfragen eine erhöhte Position für sich in Anspruch nehmen und behaupten, nur er sei derjenige, der beurteilen könne, wer der wahre Gläubige ist? Woher nehme ich denn diese Position?

MILZNER Dass der softere Gläubige besser sei als der gewaltbereite, ist in der Tat eine etwas fadenscheinige Denkfigur, die sozialpsychologisch wohl vor allem darauf abzielt, Andersgläubige zu beruhigen. Mir geht es nicht darum, Religion reinzuwaschen von ihrem aggressiven Potenzial, absolut nicht. Ich würde nur nicht sagen, dass die hier diskutierte Form des aggressiven Rechthabens, die ja eine Form von Dominanzverhalten ist, *ausschließlich* auf Religion zurückgeführt werden kann. Die Gewaltbereitschaft hat hier noch eine andere Basis. Fanatismus zum Beispiel erachte ich weniger als eine Spielform von Religiosität als vielmehr als mentale Pathologie, die sich durch eine extreme Verengung der Weltwahrnehmung ausformt, bei der sich die emotionale Aufladung wie bei einem Fluss, dessen Ufer zusammenrücken, mächtig steigert. Von dieser Basis aus betrachtet, könnten wir der Frage nachgehen, ob man vielleicht besonders gerne das angreift, was einem am ähnlichsten oder am nächsten ist, wie es bei den abrahamitischen Religionen der Fall ist. Der Religionsforscher Michael Baigent meinte, sie handelten, als folgten sie einem gemeinsamen Drehbuch. Meine Anregung ist, dass wir uns so etwas differenzierter ansehen.

Was wir überdies mal beleuchten könnten, ist die Frage der archaischen Reste, die in Religionen wirksam sind. Unser heutiges Gottesbild im Westen ist stark von einem Humanismus geprägt, der nicht überall auf der Welt toll gefunden wird. Archaische Religiosität hat ja oftmals für den Wert menschlichen Lebens keinen rechten Sinn oder besser: Sie begreift das Opfer menschlichen Lebens als notwendigen Bestandteil von Religiosität. Der französische Literaturwissenschaftler René Girard hat darauf hingewiesen, dass alle mythischen Erzählungen Gewalterzählungen sind. Er meinte, dass erst das Christentum Gewaltlosigkeit in die Religion eingeführt habe, und zwar indem es ein Selbstopfer brachte. Aber ich glaube, es ließe sich zeigen, dass gerade der Einzelne leicht wieder in mythische Zusammenhänge einzubetten ist und dann im archaischen Sinn Gewalt sogar heiligen kann, selbst wenn dies dem Kern seiner Religion widerspricht.

UTSCH Es ist ganz wichtig, zu sehen, dass zum Beispiel ökonomische Gründe einen ganz großen Einfluss auf Kriege haben und dass diese dann religiös verbrämt werden. Ich frage schon, warum ausgerechnet in Sachsen die Pegida-Welle so stark geworden ist und der Hass gegen Muslime so hochkocht, obwohl die allermeisten der Personen dort noch nie einem Muslim begegnet sind, einmal vor einer Moschee eine Tasse Tee getrunken, geschweige denn mit einem Muslim geredet hätten. Spielt im Osten Deutschlands nicht doch vielleicht das Gefühl eine größere Rolle, wirtschaftlich abgehängt zu sein? Jetzt kommen auch noch viele Fremde ins Land, für die Geld gebraucht wird, das aber doch wohl eher mir zusteht. Wahrscheinlich spielen da auch ökonomische Gründe eine große Rolle und nicht nur das Weltanschauliche oder Religiöse.

Deshalb möchte ich noch mal auf den Wahrheitsanspruch zurückkommen. Die Frage lautet meiner Ansicht nach: Gelingt es mir, meinen Wahrheitsanspruch zu relativieren und anzugeben, welchen Geltungsbereich er hat, oder gehe ich davon aus, dass meine Wahrheit für alle gilt und gelten muss? Es gibt subjektive Wahrheiten, die zwar individuell verpflichtend sind, aber wir müssen dennoch sehen, wie wir friedlich miteinander leben wollen. Wie kann ich auch mit unterschiedlichen Wahrheitsansprüchen und unterschiedlichen Wertesystemen und Sinngebungen friedlich zusammenkommen? Dafür sind das Gespräch und der Austausch ganz wichtig, um eine Gesprächskultur zu schaffen und sozusagen ein gemeinsames Projekt daraus zu machen, um zu sagen: Trotz unterschiedlicher Werte und Ideale wollen wir am Wohl der Gemeinschaft festhalten und uns darum *gemeinsam* bemühen. Aber das geht nicht ohne das Gespräch und die Transparenz der eigenen Voraussetzungen und den Dialog mit den anderen.

Weltweit ist eine beängstigende Polarisierung von unversöhnlichen Standpunkten, Feindbildern und fundamentalistischen Gesinnungen im politischen und religiösen Gewand zu beobachten. Angesichts der Zunahme gruppenbezogener Menschenfeindlichkeit ist eine interkulturelle und interreligiöse Verständigung auf Augenhöhe heute nötiger denn je. Hier werden dringend religionspsychologische Verständigungshilfen gebraucht. Die Religionspsychologie erleichtert die Reflexion der eigenen Weltanschauung und das Verstehen fremder Glaubenshaltungen. Der fundamentalistischen Versuchung der Abwehr des Fremden und der Kontrolle über das Unverfügbare kann sie zu mehr Toleranz und zum Aushalten von Zweifeln und Widersprüchen und zur Sprachfähigkeit über den eigenen und fremden Glauben verhelfen.

MILZNER Ja, das glaube ich auch. Hier gibt es noch eine Menge zu lernen. Neuere Studien belegen zum Beispiel, dass die wohlfeile Annahme, ein islamischer Terrorist müsse zwangsläufig unterprivilegiert sein oder als traumatisiertes Opfer zum Täter geworden sein, keineswegs zutrifft. Die Studie von Scott Atran, einem Anthropologen, der nicht nur in Krisengebieten unterwegs, sondern auch mit Attentätern unmittelbar im Gespräch war, zeigt vielmehr: Es handelt sich meistenteils um junge Männer in einer inneren Umbruchsituation. Die Herkunft mag unterschiedlich sein, viele sind Studenten, gehören also nicht zum unterprivilegierten Rand. Dennoch fühlen sie sich marginalisiert, am Rand stehend, unwichtig. Und sie leiden darunter.

Es ist leicht nachvollziehbar: Wir wollen alle etwas sein, eine Bedeutung haben, mit einem respektablen Selbstbild leben. Wenn unsere Realität nun aber ganz anders aussieht, was dann? Junge Männer – es sind fast nur junge Männer, der Anteil der Alten und der Frauen ist marginal – wollen darüber hinaus oftmals gern etwas bewegen, in der Welt eine Spur setzen. Auffällig ist nun der soziale Zusammenhalt, der hier Wirkung zeigt. Junge Männer, die dieselben Schulen besucht oder im selben Viertel Waren ausgetragen haben, die dieselbe Universität absolvierten oder gemeinsam einem Fußballverein angehörten, sie zeigen eine Neigung, gemeinsam in den Dschihad einzutreten – und diese Neigung ist, wie Scott Atran fand, unabhängig von ihrer religiösen Radikalität.

So stellt sich die Frage, ob man die Bereitschaft zum Dschihad als religiöses Motiv überhaupt ernst nehmen kann. Politikwissenschaftler haben nachgewiesen, dass das, was gegenwärtig mit dem exportierten Dschihad passiert, Ähnlichkeit mit dem aufweist, was in den Siebziger- und Achtzigerjahren der Export der kommunistischen Revolution war. Jede Räuberbande konnte sich da aufwerten, indem sie sich »rote Befreiungsfront« oder so etwas nannte, obschon keiner ihrer Angehörigen Marx oder Lenin je gelesen hatte. Man nimmt das, was aktuell gerade plausibel erscheint, heftet es sich als Ausweis einer höheren Legitimation an und verbirgt darunter doch letzten Endes ziemlich niedere Motive. Da müssten wir sehr sauber unterscheiden, tiefenpsychologisch ebenso wie sozialpsychologisch, mit welchem vordergründigen Etikett sich jemand schmückt und welche dahinterliegenden Motive ihn treiben. Der Anthropologe Arjun Appadurai hat zum Beispiel mal darauf hingewiesen, dass auch Kulturen so etwas wie narzisstische Störungen entwickeln können, deren Symptome dann etwa in der mythischen Überhöhung des Eigenen bestehen.

UTSCH Da kommt aus meiner Sicht auch die Religionspsychologie ins Spiel, dass man fragt, was die authentische Schriftauslegung ist und wo sich allzu Menschliches reinmischt. Das finden wir in allen Religionsgemeinschaften. Ich halte es für sehr wertvoll, zu wissen, dass Kairoer Gelehrte 2016 ihren Glaubensbrüdern, den Dschihadisten, gesagt haben, ihr seid völlig auf dem Irrweg, das hat mit dem Islam gar nichts zu tun, was ihr da macht. Das können immer am besten die Leute aus der eigenen Tradition machen. Es ist ja beinahe unmöglich, von außen zu kommen und zu sagen, das ginge ja gar nicht, sondern das müssen Menschen aus der eigenen Glaubensgemeinschaft machen.

Ich möchte aber noch ein weiteres Thema in den Zusammenhang einbringen, das auch mit Fanatismus, Fundamentalismus und den dunklen Seiten von Spiritualität zu tun hat. Es gibt aktuell einen Missbrauchsskandal in der Rigpa-Bewegung im Buddhismus. Das ist die zweitgrößte buddhistische Bewegung in Deutschland. Sogyal Rinpoche, der Begründer einer Schule des tibetischen Buddhismus, der

> **Rigpa**
>
> Rigpa ist eine Richtung des Buddhismus, der die innerste Natur des Geistes sucht über ein ursprüngliches, reines Gewahrsein und Gewahrwerden. Damit wird eine tiefere Intelligenz (das Rigpa) angestrebt. So sollen Begrenztheiten überschritten werden, um zu mehr Wissen und Erleuchtung zu gelangen.

das »Tibetische Buch vom Leben und vom Sterben« geschrieben hat, das auch bei uns in der Hospizbewegung und der Palliativmedizin viel Wirkung gehabt hat, war immer von Missbrauchsvorwürfen begleitet. Er ist heute weit über siebzig. Inzwischen existiert ein offener Internetbrief von zwölf seiner ehemaligen Schülerinnen und Schüler, die den Missbrauch klar bezeugen.

Sogyal Rinpoche ist nun zurückgetreten und hat sich zurückgezogen. Schreckliche Missbrauchsvorfälle gab es nicht nur in der katholischen Kirche, auch buddhistische und Yogagruppen sind betroffen. Schon vor ein paar Jahren gab es von der deutschen buddhistischen Union eine Erklärung zu heilsamen und unheilsamen Strukturen in buddhistischen Gruppen, in der es hieß, dass die Gruppen selbst für die Qualitätskontrolle sorgen müssen. Es ist ja schön, eine religiöse Lehre zu haben, aber die religiöse Lehre ist nur so glaubwürdig wie ihre Leiter. Religionen sind vor Machtmissbrauch durch narzisstische Führungspersonen nicht geschützt. Religionen sind angreifbar und verwundbar, weil sich das Menschliche immer wieder durchdrückt und menschliche Bedürfnisse auch erleuchteten Lehrern oder spirituellen Meistern zum Fallstrick werden können.

Wir brauchen ja nur die Missbrauchsskandale in den christlichen Kirchen zu nennen. Auch dort passt das Verhalten der geistlichen Leiter überhaupt nicht mit dem zusammen, was die Theorie sagt. Zum Glück gibt es aber seit 2010 die Regel, dass bei der Priesterauswahl psychologische Assessments durchlaufen werden müssen, um genauer zu sehen, ob eine Person von ihrer Persönlichkeit geeignet ist, so einen Weg der persönlichen Entsagung zu gehen. Da ist das psychologische Wissen ganz wertvoll, um die charakterlichen Voraussetzungen zu prüfen und nicht nur das theologische Wissen des Bewerbers in die Waagschale zu werfen. Ist dieser Mensch psychologisch für das enge Zusammenleben in einer Klostergemeinschaft geeignet? Es gibt ja immer wieder Menschen, die in eine solche idealisierte Gemeinschaft aus Gründen der Realitätsflucht eintreten. Bei den

Fanatikern und Fundamentalisten ist das Problem, dass es sich um verzerrte Wahrnehmungen und Kompensationen handelt – das macht die Schieflage so schwierig.

MILZNER Ja, genau. Wir kommen hier zu einer sehr naheliegenden Frage, nämlich jener: Wer führt denn eigentlich eine religiöse Bewegung an? Da steht die Frage nach der Hierarchie im Raum.

Aber vielleicht zuvor noch ein paar Sätze zum Fundamentalismus und seinen Hintergründen. Wer sich in offenen Gesellschaften vom Fundamentalismus angezogen fühlt, hat meinen Erfahrungen zufolge in der Regel nur ein ganz schwaches Selbst entwickelt. Das heißt, er kennt sich wenig und hätte auch kaum Halt, um die innere Vielfalt, die ja jeder von uns hat, ohne Angst ergründen zu können. Der Fundamentalismus bildet da so etwas wie ein künstliches Selbst.

Menschen, die zum Fundamentalismus neigen, hatten in der Regel schon in Kindertagen damit zu kämpfen, dass es für ihre Persönlichkeitsentwicklung wenig Raum gab, sie wenig positive Aufmerksamkeit erhielten, wenig positive Führung und keine Idee davon, was eine gute Autorität ist. Das Stichwort für das, was ihnen fehlt, wäre »Halt«. Und inneren Halt zu haben ist natürlich in einer Zeit, in der sich wahnsinnig viel verändert, eine wichtige Ressource. Wo er fehlt, wird sich Unsicherheit breitmachen, mal als diffuses Unbehagen, mal als offene Angst. Fundamentalistische Angebote müssen da als ungemein attraktiv erscheinen. Man weiß übrigens inzwischen, dass sich Fundamentalisten jeglicher Couleur unglaublich ähnlich sind, und zwar völlig unabhängig von dem, was ihr Glaubensinhalt ist. Es findet sich immer das Phänomen einer Vertunnelung der Wahrnehmungsfähigkeit, ein Aufgeben sämtlicher lebendiger Bezüge zugunsten von Regelsystemen und eine rein an ihrer Gesetzestreue orientierte Beschreibung jedweder Person. Die individuelle Persönlichkeit ist im Fundamentalismus ja grundsätzlich wertlos. Was dagegen zählt, könnte man ein »Regelselbst« nennen.

Aber noch mal zu dem, was Sie über die problematischen, mitunter pathologischen Seiten religiöser Führer sagten. Vielleicht sollten wir mal die Frage aufwerfen, warum jemand eigentlich religiöser Lehrer werden will. Würde uns ein Patient sagen, dass er aufgrund einer spirituellen Erleuchtung berufen ist, sein Wissen weiterzugeben, dann würden wir als kritisch geschulte psychologische Geister vielleicht denken: »Hm, na ja, vielleicht ist etwas daran, vielleicht auch nicht.« Es gibt eine Erlebniswahrheit, die kann man sehr persönlich fühlen, aber wenn diese dann auf dem Marktplatz verkündet wird, wird sie schnell fragwürdig, und es zeigt sich, dass das, was man in einer spirituellen Krise erfuhr, nicht einfach an andere weitergereicht werden kann. Trotzdem erwächst hier der Wunsch, als spirituell Erleuchteter aufzutreten, aus dem authentischen Erleben.

Anders verhält es sich, wenn jemand das religiöse Lehramt als Berufsbild anstrebt. An dieser Stelle könnte man fragen, wer strebt das an, Priester zu werden, was ist seine oder ihre Motivation? Diese Frage hat man lange gar nicht gestellt. In der katholischen Kirche ist das Berufungserlebnis immer das Wesentliche gewesen, und damit hat man sich letzten Endes um die Frage herumgemogelt, was da noch für andere Motive existieren könnten. Bei den buddhistischen Meistern hat man die Frage meines Wissens auch nie gestellt. Aber aus unserer Perspektive müsste man diese kritische Hinterfragung natürlich unbedingt vornehmen. Man müsste fragen, welche Motive könnten das sein, die einen Menschen dazu bewegen, eine religiöse Autorität werden zu wollen. Daran würde sich die Frage anschließen: Brauchen wir diese Autoritäten denn eigentlich, braucht ein religiöser oder spiritueller Mensch überhaupt einen Priester?

Und jetzt, Herr Professor Utsch, die Antwort dazu.

UTSCH Natürlich brauche ich einen erfahrenen Meister, um meinen Bewusstseinszustand in den Zustand des Erwachens zu bringen. Wenn ich sage, ich möchte das Potenzial meines Bewusstseins optimal erschließen, dann brauche ich eine Schulung, denn das kann ich nicht autodidaktisch erreichen. Es braucht einen erfahrenen Meister. Das ist meines Erachtens in allen religiösen Traditionen so. Es gibt kaum spirituelle Autodidakten, sondern ich brauche Übung, ich brauche Training, ich brauche Anleitung. Wie das dann im Transhumanismus wird, das weiß ich nicht, ob ich dann eine App habe, die mich scannt und sagt, du musst jetzt in dem Segment das und das machen. Vielleicht wird das in zehn oder zwanzig Jahren so sein.

Nein, ich bin fest davon überzeugt, dass wir auch in der Spiritualität Übung brauchen. Warum brauche ich in der Psychotherapie eine Lehranalyse, warum gehe ich überhaupt zur Schule? Weil ich ein Vorbild brauche und Menschen, die den Weg vorangegangen sind. Menschen, die mir glaubhaft etwas vermitteln und ein Bildungsideal verkörpern können. Im Idealfall keine wandelnde Bibliothek, sondern vor allem eine Seele von Mensch. Emotionale Qualitäten und vor allem Erfahrungen mit den eigenen Abgründen spielen hier eine wichtige Rolle. Menschen also, die als Kind oder als Jugendlicher auch ihre Krisen, Konflikte und Probleme gehabt haben. Trete ich so einer erfahreneren Person gegenüber, merke ich, dass die durch ihre Krisen und Brüche irgendwie Boden unter die Füße bekommen hat, eine innere Sicherheit und eine Autorität. Sie kann mit sich selbst gut umgehen und gibt mir etwas. Eine Person also, die Vorsprung auf dem spirituellen Weg hat …

MILZNER Ja, aber Vorsicht, denn jetzt müssen wir sprachlich sauber sein: Ist das der spirituelle Weg oder der Weg der Bewusstseinsmethoden? Wenn das der Weg der Methodik ist, also wie man das Bewusstsein schärft und wie man Bewusstseinstechniken erlernt, dann ist es eigentlich eher unsere Innung, die so etwas betreibt. Das sind eher Psychologen und keine Theologen, denn die haben in der Regel wenig Zugang dazu, zumindest die, ich kenne. Priester unterweisen auch selten in Techniken der

Kontemplation. Also, Bewusstseinsentwicklung gehört eigentlich eher in die Psychologenliga. Vielleicht brauchen die Berufe eine Art neuer Differenzierung.

UTSCH Na ja, ich bin schon erstaunt, wie sehr unter Psychotherapeuten in den letzten zehn, zwanzig Jahren buddhistisches Denken einen großen Siegeszug angetreten hat. Zwar muss man da unterscheiden, weil viele sich zunächst mit weltanschaulich neutralen Formen der Bewusstseinsschulung in der buddhistischen Tradition beschäftigen. Wenn man das aber tiefergehend betreiben will, kommt man an dem buddhistischen Welt- und Menschenbild mit seinen spezifischen Glaubensannahmen nicht vorbei. Allerdings hat der Achtsamkeitsboom in der Psychologie dazu geführt, sich wieder mit der spirituellen Dimension zu beschäftigen, was durch die empirisch orientierten Psychologen vernachlässigt wurde. Materialistische Psychologen, etwa Neurowissenschaftler, haben aber ein gewaltiges Problem: Wie kommt Geist in die Materie? Wie entsteht aus einem neuronalen Netzwerk Bewusstsein? Der lateinische Begriff »conscientia« hat zwei Bedeutungen, nämlich »Wissen« und »Gewissen«. Neben unserem Faktenwissen – den »hard sciences« – gibt es ein weiches »Orientierungswissen«, das als ethisches Gespür oder Ge-Wissen unser Handeln prägt. Auch in der Psychotherapie werden Wertfragen gestellt: Wie verhalte ich mich in dieser Krisensituation angemessen und richtig? Insofern hat jede Psychotherapie auch eine spirituelle Dimension.

MILZNER Sagen wir, sie hat zumindest die Möglichkeit dazu, aber zwingend scheint mir das nicht zu sein.

UTSCH Ja, von mir aus, aber das finde ich so hoch spannend an der Spiritualität, zu prüfen, was ist spirituell und was psychologisch. Wir hatten vorhin das Beispiel, dass uns die Psychologie hilft, beim Fanatismus zu differenzieren, weil da das Religiöse oft nur ein Etikett ist. Dabei ist die psychospirituelle Entwicklung verschränkt: Wenn ich mir Gedanken mache, ob es eine größere Wirklichkeit gibt – wir waren bei der Wahrheit – außer meinem kleinen menschlichen geschlossenen Kern, also etwas, was über mich hinausweist, ein System, in das ich eingebunden bin, dann kann ich mich als Therapeut fragen, ob ich das psychologisch mit in den Blick nehmen will. Ja, man muss das auseinanderhalten, was psychologisch und was spirituell ist, aber es berührt sich eben auch, es ist miteinander verschränkt.

Da genau hinzugucken und sich zu fragen, was wir da machen und wie wir damit verantwortlich umgehen, das finde ich ganz wichtig. Manche Patienten spiritualisieren auch einen seelischen Konflikt. Weil sie keine Verantwortung für ihre Entscheidung übernehmen wollen, delegieren sie das an Gott – der Meister soll die Entscheidung übernehmen. Dabei wären der eigene Entschluss und die darauffolgende Tat der wichtige nächste Schritt. Deshalb empfehle ich, genau hinzuschauen: Was können wir psychologisch und psychotherapeutisch wissen und wo kommt das Psychologische im spirituellen Bereich vor?

AKZEPTANZ GEGENÜBER SPIRITUELLEN WELTBILDERN

»*Den Raum fürs Spirituelle kann ich als Therapeut öffnen, und dafür muss ich sowohl mutig als auch sehr behutsam sein. Trotzdem gebe ich manchmal auch zu, dass ich aus psychologischer Sicht zu einer Frage nichts mehr sagen kann, sondern dass das die Aufgabe einer religiösen, spirituellen Sinndeutung ist. Der Patient ist dafür dann in der Seelsorge besser aufgehoben.*«
Michael Utsch

Religiöse versus therapeutische Deutungen

Die meisten Klientinnen und Klienten kommen nicht wegen religiöser Probleme in eine Psychotherapie, sondern die Gläubigkeit spielt zunächst mal nur im Hintergrund eine Rolle. Mir scheint sogar, dass sich viele tiefgläubige Menschen im Alltag mit solchen Bekenntnissen eher bedeckt halten. Es scheint in unserer säkularen Welt so etwas wie ein Schampotenzial dafür zu geben. Gläubigkeit wirkt sehr intim. Vielleicht auch deshalb, weil Jenseitsvorstellungen häufig sehr naiv klingen, denn ein Weiterleben als Elementarteilchen ist natürlich nicht gemeint, wenn vom »Glauben« ans Weiterleben die Rede ist.

MILZNER Ja, das erscheint mir ein bisschen so, als ob sich die Schamzone verlagert hätte. Bei sexuellen Themen ist es für viele Menschen deutlich leichter geworden, darüber zu reden, als es vor fünfzig Jahren noch war. Wenn man dazu vorsichtig nachfragt, bekommt man meist Antworten. Aber wenn man fragen würde: »Können Sie mir ein bisschen von Ihrer religiösen Orientierung oder von Ihren spirituellen Überzeugungen berichten? Wie sieht Ihre Glaubenspraxis aus? Glauben Sie, dass Sie irgendeinen Kontakt zu etwas haben, was Sie im Leben begleitet oder führt?«, da hat man den Eindruck, man dringt in einen sehr intimen Bereich vor. Dahinter steht vermutlich eine kulturelle Verlagerung, die eben weitgehend das agnostizistische Lebensmodell präferiert, den Eros zum allgemein verhandelten Thema gemacht hat und das religiöse Feld, fürchte ich, doch ein bisschen belächelt. Es gibt auch diese Leute, die sich sehr für muslimische Menschen einsetzen, aber gleichzeitig die Christen abwerten und für sie keine hohe Toleranz mitbringen.

UTSCH Das Reden über Religion ist in bestimmten Kreisen politisch nicht korrekt.

Milzner Ganz genau. Damit zeigt sich, glaube ich, eine Verschiebung im kollektiven Bewusstsein, dass man vielleicht das Religiöse als etwas ansieht, was immer etwas Fadenscheiniges hat, was der kritischen Nachfrage nicht standhält und was man rechtfertigen muss. Das heißt, man ist als Mensch, der sich damit identifiziert, sehr schnell in der Defensive. Und das führt natürlich dazu, dass es eine nachvollziehbare Scheu gibt, sich zu offenbaren. Wir Therapeuten hätten da wahrscheinlich eher die Aufgabe, wieder für eine gewisse Entspannung zu sorgen, denn jeder Mensch glaubt an irgendetwas, jeder Mensch hat ein System, in dem er sich orientiert, jeder Mensch hat Werte, die er vertritt. Warum sollten die nicht religiös geprägt sein?

Utsch Wir haben vorhin schon darüber gesprochen, dass es verschiedene subjektive Wahrheiten gibt. Ich erkläre mir diese erstaunliche Sprachlosigkeit gegenüber der religiösen, spirituellen Dimension bei Therapeuten damit, dass sie selbst doch häufig sehr »gläubig« in ihr je schulenspezifisches System eingebunden sind. Auch psychologische Systeme treten häufig noch mit einem hohen Deutungsanspruch auf. Das hat sich zwar in den letzten Jahrzehnten zwischen den Psychotherapieschulen entspannt und man schaut auch mal über den Zaun und ist nicht mehr nur auf seine Schule fixiert, aber es gibt immer noch Glaubenskämpfe und auch therapeutische Systeme, die im Grunde als ein Religionsersatz fungieren – vielleicht am stärksten bei der Psychoanalyse, wie es Thomas Pollak meint. Insbesondere in den Ausbildungsinstituten scheint es mir so, dass da viele Glaubenssätze verbreitet werden, aber vermutlich wird sich das in Zukunft verbessern, wenn es ein neues Psychotherapeutengesetz gibt und sich die Ausbildung an die Hochschulen verlagert.

Jedenfalls sehe ich da eine gesellschaftlich relevante Aufgabe der Psychotherapie, dass sie nämlich die Sprachfähigkeit über unterschiedliche Glaubenssysteme fördert. Da ist die Psychotherapie eigentlich der Gesellschaft hinterher. Sie war damals, was den Bereich der Sexualität angeht, ein Vorreiter und hat dazu beigetragen, dass man ohne Schamgefühle diesen wichtigen Lebensbereich sprachfähig gemacht hat. Damit hat sie auch wichtige Impulse zur Emanzipierung der Frau geliefert. Damals jedenfalls hat die Psychotherapie wichtige gesellschaftliche Anstöße gegeben.

Wir erleben jetzt in den letzten fünfzehn, zwanzig Jahren das Entstehen einer säkularen Gesellschaft, die dennoch stark nach Werten, Sinnfindung und Spiritualität sucht. Gehen Sie mal in die Buchhandlung und gucken Sie im Regal »Lebenshilfe«, wie viel Esoterik da verhandelt wird und wie viele Weltanschauungen da transportiert werden! Wo sind da seriöse Modelle, in denen Psychologie und Spiritualität aufeinander bezogen werden, etwa die Bewusstseins- und Persönlichkeitsentwicklung inklusive der spirituellen Dimension? Das finden Sie kaum. Das ist ein Armutszeugnis, weil die Psychologie an dieser Stelle geschwiegen und weggeschaut hat – manche wie Peter Kaiser diagnostizieren gar eine unbewusste Verdrängung.

In den USA sieht die Lage anders aus, da gibt es zahlreiche Lehrstühle für Religionspsychologie. Dort ist das Thema ganz anders aufgestellt. Es gibt sogar spirituelle Therapien, die auch wissenschaftlich begründet und eingebettet werden. Dort ist das Gespräch zwischen Spiritualität und Psychotherapie sehr viel fortgeschrittener, es gibt sogar wissenschaftliche Zeitschriften dazu. Bei uns hier in Europa ist immer eine gewisse Scheu vorhanden, das zusammenzubringen, vermutlich weil wir stärker vom Rationalismus und von der Aufklärung geprägt sind. Aber es ist längst überfällig, dass wir da sprachfähiger werden und auch in den Behandlungen mehr Kompetenzen entwickeln.

MILZNER Es gibt tatsächlich eine von Rationalität und Aufklärung herkommende Tendenz, Religiosität sogar zu pathologisieren. Zu Beginn des 20. Jahrhunderts war diese klinische Denkungsart vor allem in Frankreich verwurzelt. Da machte man sich mit Eifer daran, insbesondere Religionsgründer und Heilige mit

Diagnosen zu versehen, um ihnen so die Strahlkraft zu nehmen. Der Psychiater Charles Binet-Sanglé etwa attestierte Jesus rückwirkend eine Schizophrenie. Auch Jeanne d'Arc wurde, da sie sich ja auf innere Stimmen berufen hatte, unter Pathologieverdacht gestellt.

Selbst in unserer Zeit wird noch mit solchen waghalsigen, wo nicht übergriffigen Diagnosen operiert. So meint der Medizinhistoriker Armin Geus, der Prophet Mohammed habe an einer paranoid-halluzinatorischen Schizophrenie gelitten. So was macht den Dialog der Disziplinen natürlich nicht gerade leichter.

Den Gedanken einer unbewussten Verdrängung spiritueller Inhalte in der Psychotherapie können wir ja mal weiterverfolgen. Vielleicht spielt dabei eine Rolle, dass die Psychotherapeuten, die sich ja zeitweise diesseits der spirituellen, religiösen Lehrer durchaus ein bisschen wie Priester positioniert hatten, den religiösen Autoritäten damit Terrain wegnahmen. Ursprünglich war das, was wir tun, ein Teil der Aufgaben des Pfarrers. Die eine Hälfte dieser Seelenarbeit hat der Pfarrer übernommen und die andere Hälfte der Arzt. Freuds Vorstellung von dem, was Psychoanalytiker sein könnten, enthielt den schönen Begriff »weltliche Priester«. Vielleicht existiert da immer noch ein latentes Konkurrenzverhältnis.

Dass Psychotherapeuten sich mit den religiösen Fragen nicht so sehr beschäftigt haben, hat sicher auch damit zu tun, dass man erst mal gesagt hat, man müsse das Therapeutische aus der religiösen Umklammerung herausholen. Das zunächst Unerklärliche und schwer Zugängliche wurde auf eine andere Ebene gesetzt, auf die man sich besser beziehen kann. Es ist ja lange eine Konstante in der seelischen Heilkunst gewesen, dass man sich neben dem Patienten und seinem Behandler immer noch auf etwas Drittes bezog. Burkhard Peter hat das das »therapeutische Tertium« genannt. Hierbei heilt der Patient weder sich selbst noch heilt ihn der Psychologe, Arzt oder Priester, sondern es heilt ihn Gottes Wille, es heilt ihn der animalische Magnetismus, es heilt ihn der »élan vital«.

In diesem Modell, das in manchen therapeutischen Mustern heute noch ahnbar ist – zum Beispiel in der Annahme, dass das Unbewusste uns erkranken und ebenso gesunden lassen kann –, beziehen wir uns nicht allein auf ein therapeutisches Ich-Du, sondern auf etwas gleichsam Übergeordnetes. Und es ist Sache des Therapeuten, zu ermöglichen, dass dies Dritte wirken kann. Anders als im Konzept der Triangulierung, bei dem das hinzukommende Dritte oft eine Person ist, real oder imaginär, geht es hier nicht um einen dritten Menschen, sondern eher um eine Kraft, ein Prinzip, eine Macht, etwas Größeres. Insofern hat das schon seine natürliche Berechtigung, dass wir Therapeuten uns erst mal etwas abgegrenzt haben.

Schließlich darf man nicht vergessen, dass zu der Zeit, als sich die Psychotherapie wirklich aufmachte, standfest zu werden, die Macht der religiösen Systeme in Westeuropa noch sehr groß war. Die konnte man nicht so ohne Weiteres ins Boot holen, ohne dass sie sofort den Laden übernommen hätten. Das ging einfach nicht. Außerdem war der Deutungsanspruch in den Kirchen ja noch viel größer. Frühe Sympathisanten der Psychoanalyse vonseiten der Kirchen wie Oskar Pfister haben durchaus ihre Schwierigkeiten bekommen.

Bei Erich Fromm gab es dann eine Art von Grenzgängertum, um über die Beengtheit westlichen Denkens hinauszukommen. Er hat sich mit Daisetz Suzuki getroffen und versucht, eine Ebene zu finden, wie man zu Balancen zwischen Ost und West kommen könnte. Auch Karlfried Graf Dürckheim und Maria Hippius wären zu nennen mit ihrer Initiatischen Therapie. Aber da muss man wohl sagen, dass das immer nur Einzelne waren. Zu Fromms Zeit war die Polarisierung auch noch sehr, sehr stark. Da gibt es auf der einen Seite die Reichianer, die den Eros gewissermaßen zur Gottheit machten, und auf der anderen Seite jene, die den Eros etwas zu sehr vernachlässigten und nur in die höheren Sphären drifteten. Das heißt im Grunde, dass es die Integrationsleistung des ganzen Menschen, vor der wir stehen, bis jetzt für die Psychotherapie noch gar nicht gegeben hat.

UTSCH Obwohl Brücken da sind.

MILZNER Brücken, ja.

UTSCH Wir sprachen ja schon von der humanistischen Psychologie à la Maslow. Da sind ja viele Ansätze zu finden. Wenn ich mal überlege, in welchen therapeutischen Zugängen am ehesten spirituelle Zugänge zu finden sind, dann liegen die bei den humanistischen Verfahren, etwa bei Körpertherapeuten, beispielsweise David Boadella, übrigens auch ein Reichianer. Ich finde es spannend, dass über das Erleben der Körperlichkeit und der Selbsterfahrung, über den Ausdruck von Emotionen im Körper die Brücke zur spirituellen Dimension einfacher wird, jedenfalls offenbar einfacher als über die Ratio.

MILZNER Das ist vielleicht damit erklärbar, dass es in der Körperlichkeit wie in der Spiritualität ums Erleben geht.

UTSCH Genau, der Zugang zu den Emotionen ist möglicherweise über den Körper einfacher als über Kognitionen. Und sind die Emotionen im Spiel, dann kommt auch das Religiöse, Spirituelle leichter zum Zuge, als wenn ich in ein rationales System eingebunden bleibe, weil darin die Emotionen primär nur sprachlich vermittelt Platz haben.

MILZNER Stimmt. Mir ging es jetzt darum, zu rechtfertigen, dass wir lange Zeit die Religion als Psychotherapeuten nicht mit im Boot hatten, einfach weil es nötig war, zu klären, dass wir nicht dasselbe machen wie die kirchlichen Seelsorger, sondern dass wir eine spezifische Art von Heilkunde mit einer eigenen Methodik entwickelten, die nicht vom Glauben herkam, sondern von der Wissenschaft.

Aufs Ganze gesehen wird es aber wichtig sein, *alle* menschlichen Erfahrungsebenen in die Psychotherapie zu integrieren. Vielleicht ließe sich sagen, die Sexualität zu integrieren war zumindest nach den Sechzigerjahren verhältnismäßig einfach, weil sie erstens zur Lebens- und Alltagsbasis gehört und ihre Bedeutung zweitens auch kollektiv diskutiert wurde. Für heute ließe sich dann vielleicht sagen, dass wir Psychotherapeuten langsam anfangen könnten, den spirituellen Bereich ebenfalls zu integrieren, denn der Werkzeugkasten ist gut ausgebaut, der Schulenstreit weitgehend beendet, die Neurobiologie fortgeschritten und gleichzeitig die spirituelle Vielfalt noch größer geworden als früher, das heißt, eigentlich befinden wir uns an einem geeigneten Zeitpunkt, um mit der Integration anzufangen.

Wie aber betreiben wir diese Integration? Auch ein atheistischer Psychotherapeut, der die Vorstellung von einem Gott im Himmel für Quatsch hält, müsste eine professionelle Haltung entwickeln, mit der er sich trotzdem so einem Patienten zuwenden kann.

MILZNER Da wäre für mich schon die Frage, ob es mit einem so harschen Glaubenssystem, wie es das Wort »Quatsch« jetzt vermuten lässt, nicht insgesamt schwierig ist, therapeutisch zu arbeiten. Wenn ein Glaubenssystem so harsch ausfällt, dass es eine Sache von vornherein für Quatsch erklärt, dann würde ich Michael Utsch zustimmen, dieser Therapeut hätte von seiner seelischen Spannweite her noch etwas Entwicklungsbedarf. Wenn man etwas für Quatsch erklärt, ist das ja eine narzisstische Entwertung, und narzisstisches Entwerten ist therapeutisch daneben.

UTSCH Ich persönlich bevorzuge den Begriff der Spiritualität und ziehe ihn dem der Religion oder Religiosität vor, weil mit »Religion« sofort Institutionen, Dogmen und andere verstaubte Vorstellungen hervorgerufen werden. Spirituelles ist etwas Persönliches, etwas Individuelles. Es gibt Studien, die unterschiedliche Formen von Spiritualität erfassen und unterscheiden. Ich habe das gemeinsam mit Raphael Bonelli und Samuel Pfeifer in »Psychotherapie und Spiritualität« zusammengetragen. So kann empirisch auch säkulare Spiritualität erfasst werden. Wenn ich nämlich Spiritualität definiere als eine Verbundenheit mit etwas größerem Ganzen, dann bin ich schon mal nicht allein auf dieser Erde, sondern bin angewiesen auf andere Menschen und versuche Kontakt herzustellen: Kontakt zu mir selbst, zum Nächsten, zur Natur, zu Tieren und Pflanzen und vielleicht dann auch zu einer höheren Wirkungsweise – alles kann mit spiritueller Verbundenheit beschrieben werden. Rupert Sheldrake hat dazu Aufschlussreiches veröffentlicht. Natürlich, der strikt Säkulare würde sagen: Das gibt es nicht, etwas Höheres, das lenkt. Ganz egal aber, wie weit man es zieht, brauche ich als menschliches Wesen Verbundenheit, eine Verbindung zu etwas.

Besonders benötige ich diese Verbundenheit in existenziellen Krisensituationen. Es hilft mir, wenn jemand bei mir ist, mir die Hand hält, wenn mir ein vertrauter Mensch zuspricht. Manches möchte ich nicht allein durchstehen müssen. Wenn ich traurig bin, möchte ich getröstet werden. Wenn ich vor den Scherben einer Fehlentscheidung stehe, brauche ich Unterstützung. Und da sind auch säkulare Therapeuten gefordert.

Es sind kürzlich zwei Umfragen durchgeführt worden, eine bei psychotherapeutischen Ausbildungsinstituten und eine bei ärztlichen Weiterbildungsberechtigten, die deutlich gezeigt haben, dass sich Psychotherapeuten an genau dieser Stelle unwohl fühlen: Sie haben nicht gelernt, auch auf ihre eigene religiöse oder spirituelle Identität zu schauen und genauer hinzusehen, welches Wertegerüst sie selbst entwickelt haben. Nachlesen kann man das bei Henning Freund und Kollegen. Es ist eine wichtige Aufgabe, diese Reflexion stärker in die Weiterbildung einzuarbeiten, auch als Selbsterfahrung, um die Sprachfähigkeit zu fördern und die Reflexion darüber anzustoßen, warum jemand an manchen Stellen Berührungsängste hat und was eigentlich dahintersteckt.

Außerdem gibt es mittlerweile gute Materialien, um so was wie eine spirituelle Anamnese zu erlernen, damit neben biografischen Daten auch religiöse erfasst werden. Wir können fragen: »Sind Sie Mitglied einer religiösen, spirituellen Gemeinschaft? Pflegen Sie eine bestimmte spirituelle Praxis? Welchen Stellenwert haben diese? Haben Sie bestimmte Erwartungen an die Therapie? Soll das Thema eine Rolle spielen?« Also, da ließe sich schon einiges machen.

MILZNER Mir scheint der Selbsterfahrungsaspekt fast noch wichtiger zu sein als die breite, doch eher kopforientierte und an vorgegebenen Inhalten ausgerichtete sonstige Ausbildung. Die Forderung, ein Psychotherapeut müsse das alles draufhaben, gab es ja schon öfter. Carl Gustav Jung hat das zum Beispiel gemeint. Jacques Lacan hat gesagt, der Analytiker müsse von Archäologie über Religionswissenschaften bis hin zur Kernphysik in den Grundzügen Bescheid wissen. Das mag vielleicht bei Lacan selbst so gewesen sein, aber ob man so etwas fordern kann, erscheint mir zweifelhaft.

UTSCH Ja, aber das Tolle an unserem Beruf ist doch, dass wir uns in der Begegnung mit einem Menschen beispielsweise auch auf eine ganz fremde Berufswelt einlassen müssen und können. Ich habe mal einen Orchestermusiker behandelt. Mir waren all die Konflikte und der enorme Leistungsdruck unter Musikern vorher nicht so deutlich vor Augen. Auch in einem wohlklingenden Orchester gibt es viele Misstöne. Die Musiker stehen abends auf der Bühne und alles klingt so grandios, aber was da für Rivalitäten und für Aggressionen in diesem Klangkörper existieren, das stellen wir uns nicht vor. Ich habe dabei nach und nach viel über den Alltag eines Musikprofis gelernt.

Genauso kann ich doch empathisch fragen: »Aha, Sie beten fünfmal am Tag, was erleben Sie denn dabei, warum machen Sie das? Was bedeutet das für Sie und was ruft das in Ihnen hervor, wenn Sie sich dort Richtung Mekka niederwerfen? Sie lesen täglich in der Bibel, wozu brauchen Sie das, was hat das für eine Bedeutung, wenn Sie sich auf einen aus naturwissenschaftlicher Sicht so fragwürdigen Text besinnen?« Wir können danach fragen, wie wir nach allem fragen.

MILZNER Ich finde die Grundhaltung, die Sie beschreiben, gut. Mein Akzent lag etwas anders. Ich wollte nicht so darauf hinaus, dass wir Psychotherapeuten möglichst viel Religionswissen beibringen, sondern dass wir aus dem eigenen Erlebnis heraus andere Zugänge entwickeln. Ich könnte mir vorstellen, dass man zum Beispiel in der Selbsterfahrung klärt, wann jemand das erste eigene religiöse oder spirituelle Erlebnis hatte, wann die großen Fragen kamen, wie sich das anfühlte. Dabei würde der Begriff vom Spirituellen zwangsläufig weiter werden, zum Beispiel in Richtung auf andächtiges Staunen. Wann hatte jemand zum ersten Mal das Gefühl, da könnte noch irgendwas anderes außer dem Sichtbaren sein? Wenn es das gab, wie war das? Hatte derjenige Angst davor oder fühlte er sich getragen, hatte er das Gefühl, da gab es etwas, was ihm selbst sogar noch auf der Toilette zusah, oder fühlte er sich eher tiefer seelisch berührt – wie war das?

Oder nehmen wir mal an, wir wären in einer Gruppenselbsterfahrung und würden reihum fragen, wie ist das bei dir, wie ist dein Verhältnis zu Religion und Spiritualität, an was glaubst du, oder glaubst du nicht, bist du gläubiger Atheist oder bist du zweifelnder Christ? Ich glaube schon, dass sich dann eine gewisse Spannung im Raum aufbauen würde. Diese Intimität, die wir angesprochen haben, würde in dem Augenblick aufgelöst, und es entstünde eine Situation des Bekennens. Wenn alle dabei mal Position beziehen müssten, kämen dabei sicher hochinteressante Erkenntnisse heraus. Die nicht reflektierten Anteile der Abwehr oder der klammheimlichen Sympathie sind es ja, die uns die Therapien verderben. Die nonverbalen kleinen Signale, ob wir den Kopf abwenden und vielleicht doch ein kleines bisschen narzisstisch entwerten, wenn jemand fünfmal auf dem Teppich niederkniet – da sollten wir mal ein bisschen tiefer reingehen. Vielleicht würden wir auch dahin kommen, in der Selbsterfahrung zu reflektieren, dass uns manches Unbehagen macht, dass wir es nämlich gar nicht so gerne mögen, wenn wir eine fremde Religionsgemeinschaft nicht weit von unserer Haustür haben. Warum eigentlich?

UTSCH Ja, woher kommt das Unbehagen? Ich glaube, es hat etwas mit der Deutungsmacht zu tun, oder auch mit der Fremdheit.

Mir ist das mit der Deutungsmacht immer noch nicht klar: Warum ist die so wichtig?

UTSCH Viele Psychotherapeuten sind von ihrem System so überzeugt und ihre Brille ist so starr, dass sie für jedes Verhalten eine plausible Erklärung haben.

MILZNER Das ist richtig.

UTSCH Diese Starrheit verführt dazu, den Eindruck der Transzendenz zu verpassen und nicht zu merken, dass da gerade noch etwas passiert, was ich nicht erklären kann. Das Geheimnisvolle und das Rätselhafte der menschlichen Existenz werden ausgeklammert. Ich gehe mit einem starren, naturwissenschaftlichen System heran und schaue mit einem so verallgemeinerten Anspruch und einem quasireligiösen System auf die Wirklichkeit, dass der Atem des Spirituellen erstickt wird. Der Mensch ist aber nicht nur Natur, sondern auch Kultur – er ist ein fragendes, zweifelndes, sinndeutendes Wesen. Aber das Spirituelle braucht Raum, will wahrgenommen und muss entfaltet werden. Das Spirituelle muss atmen können. An dieser Stelle muss sich die Psychotherapie fragen lassen, wo die Grenzen des psychologisch Erklärbaren liegen und wo sie lieber schweigen sollte. »Aus psychologischer Sicht kann ich nichts dazu sagen«, so einen Satz würde ich gerne hin und wieder mal von Therapeuten hören.

Den Raum fürs Spirituelle kann ich als Therapeut öffnen, und dafür muss ich sowohl mutig als auch sehr behutsam sein. Trotzdem gebe ich manchmal auch zu, dass ich aus psychologischer Sicht zu einer Frage nichts mehr sagen kann, sondern dass das die Aufgabe einer religiösen, spirituellen Sinndeutung ist. Der Patient ist dafür dann in der Seelsorge besser aufgehoben.

Milzner Ich bin nicht sicher, ob bei jedem Seelsorger das Spirituelle atmen kann, wie Sie es nennen. Seelsorger können ja als Teile von Systemen auch sehr eng sein.

Aber um noch mal zu der Frage nach der Deutungsmacht zurückzukehren: Die eigene Deutungsmacht wird meist als angenehm erlebt, die der anderen aber nicht. Die fremde Deutungsmacht löst Unbehagen aus, weil ich nicht weiß, ob sie mir gewogen ist, ich sie unter Umständen nicht begreife, meine eigenen Erklärungsmuster an ihr abprallen, und weil ich nicht weiß, welche Rolle ich in ihr spiele. Das Fremde können wir schon als Kinder nur schwer mit Vertrauensvorschuss annehmen, sondern wir müssen es erst mal skeptisch beäugen. Das hat sich ja ganz offensichtlich auch bewährt, sonst wäre diese Skepsis evolutionär nicht erhalten geblieben. In der therapeutischen Selbsterfahrung sollte es daher möglich sein, die eigene Gefühlslage auch in dieser Hinsicht zeigen zu können, ohne Angst vor dem Ressentimentvorwurf haben zu müssen.

Also, das wäre ein Teil, der für meine Begriffe in die Selbsterfahrung hineingehört. Vielleicht haben wir des Öfteren eine latente Überheblichkeit, indem wir meinen, immer alles besser zu wissen und zu durchschauen, aber so eine Überheblichkeit gibt es in religiösen Systemen ja auch. Ich habe Patienten erlebt, die von religiösen Lehrern, die oft so eine Art Para-Psychotherapie praktizierten, mittels ihrer Deutungshoheit schwer geschädigt worden sind. Und es gibt eben auch Punkte, an die wir nicht so herankommen, weil uns die Kompetenz fehlt, wenn wir nicht selbst religiöse Praktiker oder spirituelle Bewusstseinsexperten sind. Sich dafür zu öffnen, für das helle wie für das dunkle Potenzial der Deutungshoheiten, würde Analytikerinnen und Therapeuten mehr Möglichkeiten in der Arbeit mit tiefreligiösen Menschen bieten.

Utsch Gut, aber ich würde Psychotherapeuten dazu auffordern, sich Kompetenzen anzueignen, um mit unterschiedlichen Weltmodellen umgehen zu können. Jürgen Straub hat dazu ein hilfreiches Buch geschrieben mit dem Titel »Religiöser Glaube und säkulare Lebensformen im Dialog«. Darin sagt er, dass die Konfliktlinie heute nicht mehr zwischen religiös Gläubigen und religiös Ungläubigen verläuft, sondern zwischen Menschen, die entweder ihr Weltbild reflektiert und zu einem Teil ihrer Identität gemacht haben oder aber die totalitär strukturiert sind. Er sieht eine wichtige Aufgabe darin, die eigene weltanschauliche Sicht zu reflektieren und sie auch sprachlich vermitteln zu können. Gelingt mir das nicht, riskiere ich schnell, fanatisch und fundamentalistisch zu reagieren, und das Gemeinwohl gerät in Gefahr. Gerade in der Psychotherapie ist dies eine Lernaufgabe, auch in den Weiterbildungen und in der Selbsterfahrung. Das ist heute wichtig. Da geht der Respekt vor anderen weiter.

MILZNER War das nicht schon immer so, dass Weltoffenheit und Selbstreflexion eher Charaktermerkmale sind, als dass sie von Weltanschauungen abhängen? Ich denke an die Legenden, die sich um den gegenseitigen Respekt von Saladin und Richard Löwenherz ranken. Solche Legenden, in denen die respektvolle, selbstreflexive Größe das Trennende der Religionen überwindet, werden ja nicht ohne Grund schon lange erzählt.

Das Modell von Straub ist hilfreich, klar, und vor allem zeigt es, wie verkehrt Annahmen wie die sind, dass man nur die Religion ausmerzen müsse, damit alles besser werde, denn die eigentliche Problematik ist eine andere. Es geht um menschliche Grundhaltungen, die entweder selbstreflektiert und offen sein können oder eben eng und autoritär. Und das wirft nun die Frage auf, wie man eben so wird – was also passieren muss, um offen und selbstreflektiert sein zu können. Fundamentalismus und eine autoritäre Charakterstruktur werden ja oftmals früh angelegt, haben viel mit fehlendem Halt zu tun und einem Mangel an Auseinandersetzung und Aufmerksamkeit. Genau dies aber kann eine Therapie anbieten, und damit wäre ich erneut bei der Weiterbildung. Wenn man spirituelle Haltungen so selbstverständlich integrieren würde wie sexuelle Bekenntnisse, dann würde man schon in der Ausbildung die Erfahrung machen, dass unterschiedliche Formen gelebter, praktizierter Spiritualität existieren. Dann würde das Herangehen an das Thema leichter, denn die gut geführte Selbsterfahrung macht ja den Raum weit und lässt das jeweils andere stehen. Zu den Abwehrreflexen und starren Bildern, wie Sie sie ansprechen, käme es dann wohl weniger.

UTSCH Das ist eine Aufgabe, ja.

Was hilfreich ist

Sie beide sprechen vorrangig von dem individuellen Bedürfnis nach spiritueller Welterklärung, das sehr subjektiv ist und für das es mehr Toleranz geben sollte. Wofür brauchen wir dann noch Religionen mit ihren ausformulierten Regeln und ihren weltlichen Institutionen wie Kirchen? Ich denke eigentlich, dass eine persönliche Spiritualität gerade in einer Psychotherapie leicht akzeptierbar ist.

UTSCH Wir sind hier in Europa in einer Ausnahmesituation. Weltweit gewinnen Religionen an Zuwachs, weil Menschen Deutungssysteme schätzen und das Eingebundensein in ein Wertesystem. Was wir hier an Säkularisierung erleben, ist weltweit gesehen eine Ausnahme. Insofern glaube ich nicht, dass Religionen in hundert Jahren verschwunden sein werden. Ich hoffe aber sehr, dass der interreligiöse Dialog mehr Tiefe gewinnt, wozu die Psychologie viel beitragen kann mit ihrer Fähigkeit, die Bedeutung unterschiedlicher Werte für die Identitätsbildung besser zu verstehen und damit gangbare Brücken zwischen religiösen und säkularen Glaubenssystemen zu bauen, damit wir da auf einem anderen Niveau ankommen.

Eine Gemeinschaft braucht Werte, braucht die Dialogbereitschaft und die Gesprächsfähigkeit und muss unterschiedliche Systeme aufeinander beziehen können, um gemeinsam das Beste für das Gemeinwohl herauszufinden und zu leben. Dringend brauchen wir den ehrlichen und sachgerechten Dialog zwischen den unterschiedlichen Glaubenssystemen! Hier ist die Psychologie aufgefordert, ihren Beitrag zu leisten, damit man nicht die Abwehr des Fremden betreibt und die Kompensation in einem Szientismus, sondern anerkennt, dass Spiritualität ein Teil des Lebens vieler Menschen ist, ein Teil der Identitätsbildung. Therapeutinnen und Therapeuten sollten lernen, unterschiedliche Glaubenssysteme gleichberechtigt nebeneinanderstehen zu lassen.

Milzner Es gibt Hinweise darauf, dass die Bedeutung von Religionen eher zu- als abnehmen wird. Die amerikanische Politikwissenschaftlerin Monica Duffy Toft prognostiziert, dass in den nächsten Jahren der Einfluss religiöser Überzeugungen auf die Politik stärker werden wird, als das je zuvor der Fall gewesen ist. Religiosität lässt sich überdies aus verhaltensbiologischer Sicht als menschliche Grundkonstante begreifen, für die sich schon beim Cro-Magnon-Menschen Belege finden lassen, dazu hat Anton Bucher geschrieben. Sie taucht einfach immer wieder auf, begleitet die menschliche Entwicklung wie die Kunst oder die Tradition des Erzählens, leider auch wie das Kriegeführen.

Das Ende der Religion ist ja schon öfter erklärt worden, aber eingetreten ist es nie. Vielmehr unterliegt das Verständnis von einer dem Menschen angemessenen Religiosität beständiger Verwandlung. Für uns klingt es seltsam, dass die frühen Christen in Rom »Atheisten« genannt wurden, weil sie nur an einen Gott glaubten und nicht an die Kaisergötter. Religiöse Systeme bauen sich um und haben vielleicht auch eine begrenzte Lebensdauer, dann sind andere an der Reihe. Das liegt im Wesen menschlicher Grundkonstanten.

Was den Begriff »Religion« in Absetzung von »Spiritualität« angeht, so denke ich schon, dass man ihn weiterhin gebrauchen kann. Man muss ihn nur ein bisschen reinigen von dem, was ihm so an Beigeschmäckern anhaftet. Meistens bringt man mit Religion die ausformulierten Religionen mit ihren organisierten Systemen in Verbindung. Der Begriff »Spiritualität« macht das Ganze dann vielleicht erst mal etwas freier. Wenn man allerdings reingeht in so manche Gruppe, die sich »spirituell« nennt, dann stellt man schnell fest, dass es dort mitunter ganz ähnlich autoritär zugeht wie in religiösen Gemeinschaften.

Utsch Genau, die Bhagwan-Bewegung ist über die Jahre auch zu einer ziemlich geschlossenen Gruppe geworden und gar nicht mehr so »befreit«, wie sie ursprünglich angetreten war. Zwischen »religio« als Rückbindung und »Spiritualität« als Verbundenheit existieren Überlappungen. Auch aus einer kulturwissenschaftlichen Perspektive bilden Religionen eindeutig eine Säule der Kultur. Wer kultursensibel vorgeht, stellt fest, dass die Religion als ein gesellschaftliches Standbein nicht wegzudenken ist. Religionen sind für die menschlichen Wirklichkeitskonstruktionen und für ihre Selbstsicherheit fundamental nötig, davon bin ich fest überzeugt.

Ich insistiere noch mal darauf, dass ein konkreter Therapeut mit seinem konkreten Klienten das bearbeitet, was der Klient mitbringt, sowohl was seine Probleme und Nöte angeht als auch seine Lösungsorientierung. Völlig klar für mich scheint, dass es für spirituelle Weltkonstruktionen auch im therapeutischen Setting eine Offenheit geben muss. Warum werden da so schnell die hoch ideologischen religiösen Konstrukte mitverhandelt?

UTSCH Völlig richtig – Dreh- und Angelpunkt ist die Weltsicht des Patienten. Aber Religion ist in Deutschland häufig immer noch Privatsache und schambesetzt. Wir haben nicht gelernt, offen und wertneutral darüber zu reden. Da gibt es auch in der Therapeutenszene Nachholbedarf. Wir sind als Therapeuten herausgefordert, hilfreiche Instrumente der Heilung einzusetzen. Und die Religionen bergen einen enormen therapeutischen Schatz und einen enormen Reichtum an Praktiken der Psychohygiene, der Konfliktbewältigung, der Krankheitsprophylaxe und der Leidbewältigung.

Das Griechische »therapeuein« kann man wörtlich übersetzen mit »dem Göttlichen im anderen dienen«. Es gibt aus den Religionen entlehnte säkularisierte Therapiemethoden, am bekanntesten und sehr verbreitet sind die Achtsamkeitsübungen aus dem Buddhismus. Ein weiteres Beispiel ist das autogene Training als eine Abwandlung der hinduistischen

Yogaphilosophie. In den USA bereits relativ verbreitet und aus der christlichen Tradition stammend ist die sogenannte Vergebungstherapie, in der man in Schritten lernt, aus der Rolle des Opfers herauszutreten und sich bewusst für Vergebung zu entscheiden, ohne die Emotionen außen vor zu lassen. Ich kann da die Bücher empfehlen »Vergebung als Chance« von Robert Enright oder »Vergeben und Loslassen in Psychotherapie und Coaching« von Anke Handrock und Maike Baumann oder auch »Mit Schuld, Scham und Methode« von Maren Lammers und Isgard Ohls. Es existieren säkularisierte psychotherapeutische Methoden aus religiösen Systemen, die sind bei Thomas Plante nachlesbar.

Religion ist nicht in erster Linie ein dogmatisches Lehrgerüst, sondern bietet einen Reichtum an Symbolen und Ritualen zur Heilung. Wenn ich diese Rituale einsetze, setzt das enorme Wirkfaktoren und Wirkkräfte frei, die ich als Therapeut nutzen sollte. In »Rituale und Spiritualität in der Psychotherapie« tragen das Martin Brentrup und Gaby Kupitz zusammen.

MILZNER Ich würde nicht unterschreiben, dass Menschen Religionen *brauchen,* sondern ich habe sie als menschliche Grundkonstante beschrieben. Sie sind einfach immer da gewesen. Ob Menschen Mythen brauchen, weiß ich auch nicht, aber sie existierten jedenfalls immer. Wenn sie in Schulbüchern nicht mehr stehen und es keine Sagenbücher mehr gibt, dann nimmt Hollywood sie auf. Und das ist, glaube ich, bei Religionen auch so. Sie sind eine Konstante, und ich kann mir im Augenblick kaum vorstellen, dass sie ganz verschwinden werden, die Tendenzen dafür scheinen mir minimal zu sein. Eher das Gegenteil wird sichtbar.

Ob man Religionen im Sinne eines therapeutischen Werkzeugkastens nutzen kann, erscheint mir noch ein bisschen fragwürdig, zumal man gut begründen müsste, warum man gerade diese Werkzeuge nimmt und nicht andere. Sie haben jetzt natürlich eher die zarten und ganz liebenswerten ausgewählt, aber zum Beispiel bei den Vergebungsansätzen habe ich Patientinnen und Patienten gehabt, die damit enorme Schwierigkeiten hatten, und zwar weil der Ansatz so betulich war, dass sie mit den darunter gärenden wüsten Emotionen nicht in Kontakt kamen. Diese Vergebungshaltung leuchtet einem natürlich erst mal ein, weil man den Eindruck hat, man würde die ganze Sache auf diesem Weg los, aber so funktioniert das leider nicht, denn die Gefühle gären dann weiter, werden bloß woandershin verlagert und sind immer noch nicht bearbeitet.

Die Folgen sind dann oft schwerwiegende psychosomatische Erkrankungen oder, noch schlimmer, innere Kriege, in denen die Person von sich verlangt, vergeben zu können, ohne doch tieferseelisch dazu in der Lage zu sein. Der sich in Träumen und Fantasien aktualisierende archaische Vergeltungswunsch, dieses »eigentlich müsste ich Rache üben« und auch das kindliche Gerechtigkeitsempfinden kommen bei so einem süß flötenden Vergebungsansatz nicht ausreichend vor, sie haben darin zu geringe Berechtigung.

Sie sprachen davon, dass die benannten Verfahren helfen, Menschen aus der Rolle des Opfers herauszuholen. Wo es tatsächlich um eine Rolle geht, kann der Ansatz vielleicht greifen. Wo aber nicht die Opferrolle, sondern die Opfer*erfahrung* im Vordergrund steht, da wohl eher nicht. Einer vergewaltigten Frau oder einem gefolterten Mann mit der bloßen Opferrolle zu kommen wäre ja zynisch.

Grundsätzlich stimme ich zu, dass es ein gewisses Gesundungspotenzial oder Heilungspotenzial in Religionen gibt, aber sie haben ja ebenso eine pathogene Seite. Religionen darauf abzuklopfen, was uns daran nützen kann und was nicht, scheint sie mir auf der einen Seite zu banalisieren. Auf der anderen Seite sind die in Religionen wirksamen, heilsamen Ansätze auch nicht auf Religion beschränkt, sondern gehören eher einer größeren Weltweisheit an, die sich auch in Philosophien, in Märchen, in mythischen Geschichten zeigt. Dafür, würde ich sagen, brauchen wir Religion nicht unbedingt.

Ich bin auch kein Anhänger davon, wenn Neurotheologen wie Lionel Tiger behaupten, wir hätten nun mal diese »brain pain« des unausgelasteten Gehirns, das keine Unwägbarkeiten zuließe, weshalb Religion die Funktion habe, das Gehirn einerseits zu beschäftigen und andererseits gewissermaßen zu dämmen, die menschliche Unruhe herunterzufahren und schön still zu machen. Das finde ich entsetzlich banal. Da habe ich den Eindruck, dass das von einer Idee eines wirklich Höheren komplett wegführt, weggeht von einer Spiritualität der persönlichen, individuellen Psyche, der man eben nicht vorschreiben kann, welche Methoden sie anwendet, sondern bei der man eher davon ausgehen sollte, dass wir vieles »wissen« im Sinne eines Spürens, ohne es schon ans Licht unseres Bewusstseins bringen zu können.

UTSCH Ich kann das mit der Spiritualität der Persönlichkeit gut stehen lassen. Mein Argument, religiöse Systeme auf ihre Methoden hin abzuklopfen, ist natürlich auch ein bisschen unserem Kassensystem geschuldet und den Anforderungen einer evidenzbasierten Behandlung. Mittlerweile verfügen wir über einige robuste Studien, die belegen, dass spirituell erweiterte Behandlungen eine besondere Wirkung erzielen. Aber wir leben nun mal in einem Gesundheitssystem, für das evidenzbasierte Wirksamkeiten nachgewiesen werden müssen, um Teil einer kassenfinanzierten Behandlung zu sein. An der Stelle mache ich das Spiel auch mit, weil ich sage, dass es funktioniert und dem Patienten etwas bringt, wobei ich Ihre Kritik an dieser funktionalen Einbettung durchaus nachvollziehen kann.

Aus einer anderen Sicht würde ich sagen: Wenn ich von den Persönlichkeiten des Therapeuten und des Patienten ausgehe, dann ist Spiritualität etwas, was ich gerne fördern möchte, aber therapeutisch komme ich um die Evidenzbasierung nicht herum. Obwohl die Wirkung schwer überprüfbar und objektivierbar ist.

MILZNER Man kann die Evidenzbasierung durchaus ihrerseits kritisieren. Bei der Art, wie diese Studien entstehen, bin ich doch eher skeptisch, weil ich aus meinem Feld weiß, wie zum Beispiel Wirksamkeitsstudien über Hypnosebehandlungen entstehen. Da wird eine CD benutzt mit bestimmten suggestiven Texten, die einer Reihe von Patienten vorgespielt wird, hinterher gibt es die üblichen Fragebögen, und wenn eine statistisch relevante, wenn auch nur kleine Besserung aufscheint, dann folgt daraus irgendwann ein Blätterwald mit der Überschrift »Hypnose hilft bei …«.

Das ist eine Art, mit therapeutischen Verfahren und Bewusstseinstechnologien umzugehen, die ich fahrlässig finde, weil sie so oberflächlich bleibt. Sie reduziert kleinere Symptombereiche auf etwas, was eigentlich im größeren Sinne persönliche Heilung sein könnte. Sie fasst sich selbst dann auch eher als ein Reparaturbetrieb auf – und das scheint mir für die aktuelle Kassenpsychotherapie durchaus symptomatisch zu sein. Zu einem Reparaturbetrieb passt es auch, dass man sich seine Werkzeuge überall zusammenschnorrt.

An diesem Eklektizismus – ich nutze alles, was mir hilfreich zu sein scheint – gibt es ja in der Tat viel Kritik. Das reine »Hilfreichsein« wirkt zuweilen etwas kopflos. Warum ist es Ihnen wichtig, dass da nicht alles Mögliche »zusammengeschnorrt« wird?

MILZNER Ich würde anstatt »kopflos« eher sagen »seelenlos«. Instrumente zu benutzen ohne eine Vorstellung davon, wie man Heilung oder Besserung verstehen und begründen kann, treibt in blinden Aktionismus hinein. Es wäre eine merkwürdige Vorstellung, wenn wir Spiritualität plötzlich als Ressource anbieten würden, einfach weil sie ein besseres Lebensgefühl macht. Müssten wir hier nicht sagen, dass das hinsichtlich der Authentizität therapeutisch eher fragwürdig ist?

UTSCH Wir dürfen die Risiken und Nebenwirkungen in der Beratung und Therapie nicht aus dem Blick verlieren. Eine allzu schnelle und unreflektierte Erweiterung der Behandlung in einer spirituellen Therapie halte ich für brandgefährlich! Auch wenn Spiritualität heute vermehrt als therapeutische Ressource wiederentdeckt wird – ihre Schattenseiten und Gefahren der Vereinnahmung dürfen nicht übersehen werden. Zahlreiche Erfahrungsberichte erzählen von übergriffigen Verhaltensweisen spiritueller Gruppenleiter oder von der lebensfeindlichen Ethik weltflüchtiger »Sekten«, getarnt als Anhänger einer speziellen Heilpraktikermethode oder eines besonderen Coachingangebots. Nachhaltige Schädigungen entstehen, wenn spirituelle Meister das in sie gesetzte Vertrauen enttäuschen oder sogar egoistisch missbrauchen.

VON ZWEIFELNDEN GLÄUBIGEN UND NICHT ZWEIFELNDEN ATHEISTEN

»Wer sich als Therapeut vollständig zurückhält und sich immer auf die Wertneutralität beruft, ist weniger hilfreich als einer, der seine Überzeugungen offenlegt – im Übrigen wäre es ein Selbstbetrug, von sich als Therapeut zu behaupten, wertneutral zu sein, denn natürlich haben wir Werte, und die vertreten wir auch, vielfach nur implizit. Diese Werte beinhalten auch spirituelle Vorstellungen.«
Georg Milzner

Achtsamkeit

Sie haben es bereits angesprochen: Auch die heute sehr weit verbreitete und offenbar für viele Menschen sehr hilfreiche Achtsamkeitshaltung entstammt einer religiösen Praxis. Dennoch gibt es eine Achtsamkeitsvorstellung, die mit keinem Jenseits und keiner Glaubensrichtung zu tun hat. Hierzulande antworten die Achtsamkeitskonzepte eher auf eine zum Schwindeligwerden vorangetriebene Flexibilisierung und Dynamisierung des Lebensalltags.

MILZNER Achtsamkeit ist das bekannteste Beispiel dafür, wie man etwas aus einer spirituellen Praxis herauslösen und therapeutisch als Methode einsetzen kann, ohne sich die Frage zu stellen, was denn dann eigentlich passiert, wenn man etwas aus dem Kontext Herausgelöstes als einzelnes Werkzeug in andere Zusammenhänge implementiert. Ich bin da zumindest skeptisch. Oder genauer formuliert, ich habe eine zwiespältige Position dazu:

Auf der einen Seite würde ich sagen, manchen Leuten tut die Achtsamkeitspraxis wirklich gut, und zwar gerade denen, die extremere Gefühle oder extremere Körperschmerzen haben. Marsha Linehan mit ihrer dialektisch-behavioralen Therapie bei Borderlineerkrankungen hat die Achtsamkeitspraxis bei Willigis Jäger gelernt, einem Benediktinermönch in Würzburg. Dies war eine gelungene Integration, denn es scheint unbestritten, dass die Achtsamkeitspraxis Menschen mit Borderline hilft, mit ihren extremen Emotionen zu leben.

Ich kenne aber auf der anderen Seite auch Leute, bei denen ich sagen würde, dass die Achtsamkeitspraxis sie von ihrem tieferen, elementareren Fühlen weggeführt hat. Das heißt, sie wurden in einem ruhenden, sich nicht identifizierenden, wertfreien Gewahrsein alles dessen, was mit ihnen ist, unterwiesen. Aber der Bezug zu dem, was sie elementar darunter fühlten, also zu den Leidenschaften beispielsweise und zu der Intensität ihres emotionalen Erlebens, wurde dabei mehr und mehr verstellt. Angesichts solcher Fälle, habe ich den Eindruck, müsste man den Hype, den die Achtsamkeitspraxis in psychotherapeutischen Modellen erfahren hat, vielleicht etwas kritischer betrachten.

Was mich noch einmal bedenklicher stimmt, ist, dass man Achtsamkeit auch so kalt einsetzen kann. Als Teil einer buddhistischen Praxis ist sie angekoppelt an eine Philosophie des Mitleids. Wenn man aber kein Buddhist ist und man erlernt die Achtsamkeitspraxis ohne ihre empathischen Beigaben, wie das im höheren Management immer mehr passiert, dann kann man anschließend mit wunderbar entrückter Kälte Menschen entlassen und Entscheidungen treffen, die anderen Leuten furchtbare Dinge zufügen. So etwas scheint mir ein Hinweis darauf zu sein, dass das Herauslösen einer Praxis aus ihrem ursprünglichen Kontext seine Fragwürdigkeiten haben kann.

Utsch Wir haben uns vorhin schon einmal Gedanken darüber gemacht, was in den Bereich der Psychologie und Psychotherapie fällt und was in den Zuständigkeitsbereich der Weltanschauung und der Spiritualität gehört. Dafür ist Achtsamkeit meines Erachtens ein schönes Beispiel. Jon Kabat-Zinn, der Begründer der »Mindfulness-Based Stress Reduction« (MBSR), der erfolgreichsten und auch klinisch am besten überprüften Methode, hat selbst eingestanden, dass er am Anfang die buddhistischen Wurzeln dieser Technik bewusst verschwiegen hat, weil er natürlich auch die Abwehr der Psychologie und Psychotherapie gegenüber religiösen oder spirituellen Systemen gespürt habe. Ich finde es weiterführend, dass seit einiger Zeit auch in der Achtsamkeitsarbeit deutlicher über die zugrunde liegenden Werte gesprochen wird und sie reflektiert werden. Wozu setzt jemand das Verfahren ein? Wie viel Buddhismus steckt in Achtsamkeit? Ich bezweifle, dass sich eine Methode gänzlich von dem weltanschaulichen Unterbau loslösen lässt.

Das kann instrumentalisiert werden, führt dann aber in eine falsche Richtung.

Wobei immer die Frage ist, wer entscheidet, ob etwas eine »falsche« Richtung ist ...

UTSCH Natürlich. Aber wenn ich mal diese Bewegung heranziehe, die nun dazu führen könnte, die Werte zu reflektieren und zu prüfen, was das mit Buddhismus zu tun hat, dann kommen wir da weiter. Das andere empfinde auch ich als Mogelpackung. Das Beispiel von MBSR-Kursen in gefühlsarmen Wirtschaftsunternehmen, um Leute meditativ zu »optimieren«, sich besser ausbeuten zu lassen, das wird zu Recht kritisiert.

Insofern ist mir lieber, wenn die Zuständigkeiten und Kompetenzen professionell verteilt werden und keine Vermischung stattfindet. Wenn ich mich als buddhistischer Psychotherapeut verstehe, dann sollte ich mich auch »outen« und das transparent machen, denn dann weiß der Klient, woran er ist. In den USA gibt es durchaus nach dem Ende des Schulenstreits der Therapierichtungen immer mehr Therapeuten, die nicht nur ihre professionellen Ausbildungen auf der Visitenkarte verzeichnet haben, sondern etwa auch sagen: transpersonal orientiert, buddhistisch orientiert, christlich orientiert. Gemeinsame Glaubensüberzeugungen zwischen Therapeuten und Patienten sind hilfreich, wenn sie transparent sind.

MILZNER Ein anderes Beispiel: Nehmen wir mal so etwas wie Kundalini-Erweckungserfahrungen. Dem begegnet man unter Menschen mit Psychosediagnosen nicht so ganz selten. Man muss sie unterscheiden von der Kundalini-Meditation, die von Bhagwan entwickelt wurde. Das ist eine ziemlich wohltuende Schüttelmeditation, bei der ich sagen würde, dass man die noch ganz gut herauslösen kann aus ihrem ursprünglichen Kontext. Geht man aber tiefer rein in das Kundalini-Erleben, wird das sehr erlebnisaktivierend – während Achtsamkeit ja vor allem beschwichtigend wirkt. Menschen mit einem Kundalini-Erleben beschreiben mystisches Verschmelzungserleben auf der einen Seite und daneben auf der anderen oft ziemlich heftige Körperempfindungen, die sich zum Beispiel wie Stromstöße anfühlen können. Warum integrieren wir solche Erlebnismöglichkeiten eigentlich nicht in unser therapeutisches Weltbild? Es ist sicher kein Zufall, dass man die Achtsamkeit gut findet, aber die Erlebnisaktivierungen und mystischen Erlebnisweisen eher draußen hält. Das ist ein Punkt, auf den Stanislav und Christina Grof schon hingewiesen haben.

> **Kundalini**
>
> Das Wort bezeichnet in der tantrischen Lehre eine ätherische Kraft im Menschen. Diese wird im Körper lokalisiert, und zwar am unteren Ende der Wirbelsäule, symbolisiert als eine Schlange, die im Unterleib ruht. Die Schlange wird durch Yoga aktiviert, um sich mit dem obersten Chakra zu vereinen, damit der Mensch absolutes Glück erfahren kann. Da hierbei verschiedene Energiezentren (Chakren) durchbrochen werden, gilt die Aktivierung der Kundalini als gefährlich für Unvorbereitete.

Ich stelle mir mal vor, wir würden ernster machen mit der Integration spiritueller Techniken. Würden wir ernsthaft sagen, wir machen mal regelmäßige Wüstenmeditationen, wir betreiben erlebnisaktivierende Hindutechniken, dann würden wir ziemlich schnell merken, dass dafür der spirituelle Kontext fehlt. Es käme zu Erlebnissen, die unter religiösem Blickwinkel ihre Berechtigung haben, hinsichtlich unserer Vorstellungen von psychischer Gesundheit aber nicht unbedingt. Man hat dann plötzlich ein irres Erleben, aber keine Ahnung mehr, was man damit anfangen soll.

In unserer westlichen psychotherapeutischen Welt findet sich bei Menschen, deren Erleben den Kulturrahmen sprengte, oft eine Psychosediagnose. Man könnte aber mal überlegen, ob diese Menschen nicht vor allem eine Kulturdiffusion erlebt haben. Das ist keine »richtige«, elementare Psychose, sondern eher so etwas wie das Jerusalem-Syndrom, also eine zwar akute, aber vorübergehende Form der psychotischen Wahrnehmung, ein Phänomen, das vielleicht durch diese Kulturdrift und durch das Auseinanderspalten der Verarbeitungsmechanismen entsteht. Das passiert eben dann, wenn der kulturelle Hintergrund nicht mitgeliefert und die Methode herausgelöst »mal eben« praktiziert wird. Das halte ich in vielen Settings für eine heikle und oft fahrlässige Angelegenheit.

UTSCH Dazu wären meiner Erfahrung nach kultur- und religionssensibel ausgebildete Therapeuten besser in der Lage, um damit verantwortungsvoll umzugehen.

Für die Psychotherapie gilt allgemein, wenn auch in unterschiedlichen Ausprägungen, das Abstinenzgebot. Der Therapeut steht nicht im Vordergrund und hat sich zu vielem zumindest wertneutral zu verhalten und sich zurückzunehmen. Ich bin ein bisschen überrascht darüber, dass bei den religiösen, spirituellen Fragen mit einer solchen Selbstverständlichkeit gefordert wird, der Therapeut solle erst mal seine Haltung dazu offenlegen. Warum plötzlich Therapeutenbekenntnisse, wenn ansonsten genau das Gegenteil für fachlich angemessen gehalten wird?

UTSCH Von dem strengen Abstinenzgebot rücken inzwischen selbst Analytiker immer mehr ab. Zunächst mal ist Abstinenz natürlich wichtig, aber unter bestimmten Bedingungen kann und sollte man das lockern. Im Bereich der Medizin erleben wir seit einigen Jahren einen Aufschwung unter dem Stichwort »personalisierte Behandlungen«, damit stärker auf die besonderen Bedingungen und Voraussetzungen des jeweiligen Patienten eingegangen wird. Wenn jemand beispielsweise während der Anamnese auf religiöse und spirituelle Fragen stößt, dann ist der Glaube womöglich ein Teil des Problems. Das ist ja nicht bei allen Patienten so, aber wenn ich feststelle, dass die Gläubigkeit etwas mit der Störung zu tun haben könnte, dann ist es meines

Erachtens sinnvoll, die therapeutische Abstinenz zu verlassen und durchaus auf Rückfragen des Patienten einzugehen.

Ich betone »auf Rückfragen des Patienten« hin – ich würde das nicht von mir aus einbringen. In einem solchen Fall kann durchaus auch meine Perspektive, mein Blick auf Glaubensfragen hilfreich werden. Außerdem kann dadurch eine ganz andere Vertrauensbasis in der therapeutischen Beziehung entstehen, auch im Grunde eine gemeinsame Suchbewegung eintreten. Als Therapeut kann ich ja nicht gleichzeitig Buddhist und Atheist sein, sondern ich habe eine bestimmte Brille auf und nehme eine Perspektive ein – und das sollte ich auch.

Wenn der Klient den Therapeuten fragt: »Wie stehen Sie denn eigentlich dazu?« Dann wäre der Klassiker in der Antwort: »Warum ist das für Sie wichtig, wie ich dazu stehe?« Sie beide würden eher sagen, das sei unpassend im Kontext spiritueller Haltungen?

UTSCH Wir müssen zumindest genau hinsehen, in welchem Kontext eine spirituelle Frage auftaucht. Manchmal würde auch ich die Frage zurückgeben, aber wenn ich merke, wir bewegen uns auf einen gemeinsamen Weg zu und der Patient möchte dabei wissen, was meine Glaubensgrundlagen sind und wie ich solche existenziellen Fragen beantworte, dann kann es aus Gründen der Stärkung des Arbeitsbündnisses hilfreich sein, meine eigenen spirituellen Vorstellungen offenzulegen.

MILZNER Das Zurückgeben der Frage ist ja ursprünglich eine Analysetechnik, mit der man etwas spiegelt. Das hat meiner Ansicht nach bei existenziell bedeutsamen Fragen eine zu kalte Unterströmung. Dass man sich da, wo es um seelische Grundfragen geht, als Person nicht zu erkennen gibt, kann im Patienten oder im Analysanden die wichtige, hier zu leistende Arbeit geradezu verhindern, weil die Möglichkeit der Reibung und des vertieften Auseinandersetzens genommen wird. Die alte Idee Freuds, dass der Analytiker nur ein Spiegel des Analysanden sein soll, hat sich praktisch nicht wirklich bewährt, weil der Analytiker ja auch ein fühlendes, kommunikatives Wesen ist, das auch dann noch kommuniziert, wenn es glaubt, es täte das nicht.

Man weiß zudem, dass Freud selbst seinem Ideal nicht gefolgt ist. Der hat durchaus schon mal Position bezogen, hat Analysanden bei sich zum Mittagessen eingeladen und in Einzelfällen sogar Geld geliehen, wenn die gerade keines hatten. Freud war nicht nur ein Spiegel, er ist menschlich in Erscheinung getreten.

Ich glaube, dass es Situationen gibt, in denen die Frage des Klienten nach dem, was wir glauben, nicht nur berechtigt ist, sondern eine ehrliche Antwort ebenfalls Berechtigung hat. Wenn unser Klient zum Beispiel ein Hilfs-Ich benötigt, wenn es ihm um die menschliche Authentizität geht oder wenn er vielleicht etwas sucht, woran er sich reiben kann, dann erscheint mir das zulässig. Wer sich als Therapeut vollständig zurückhält und sich immer auf die Wertneutralität beruft, ist weniger hilfreich als einer, der seine Überzeugungen offenlegt – im Übrigen wäre es ein Selbstbetrug, von sich als Therapeut zu behaupten, wertneutral zu sein, denn natürlich haben wir Werte, und die vertreten wir auch, vielfach nur implizit. Und die beinhalten auch spirituelle Vorstellungen.

Ich meine also, wir sollten Fragen nach dem persönlichen Bekenntnis als Angebote verstehen. Angebote, bei denen wir sagen, es ist immer leichter, miteinander zu arbeiten, wenn alle sich zeigen. Dann werden viel leichter Brücken gebaut. Etwas anderes ist es, wenn der Therapeut mit einem Missionierungsauftrag auftritt. Das geht natürlich überhaupt nicht.

Und wenn der Klient einen Missionierungsauftrag hat? Oder wenn der den atheistischen Therapeuten bekehren möchte und ihm unentwegt erklärt, er würde für ihn beten?

MILZNER Wenn jemand für mich betet, finde ich das sehr freundlich und bedanke mich dafür. Das kommt auch schon mal vor, dass mir das Patienten sagen. Würden sie mir hingegen sagen: »Herr Milzner, Sie liegen völlig falsch, so ist das nicht, Sie sollten mal unsere Gottesdienste besuchen, dann werden Ihnen plötzlich fünf Glanzlichter aufgehen«, dann würde ich wahrscheinlich sagen, dass wir keine therapeutische Situation mehr haben und klären sollten, was wir beide voneinander wollen.

Na ja, vielleicht ist das ein Versuch, die Klientenrolle zu überwinden, auf Augenhöhe mit dem Therapeuten zu kommen, der Klient will sich vielleicht nicht mehr als Hilfesuchender darstellen …

MILZNER Ich muss sagen, dass ich so etwas noch nie erlebt habe. Und ich arbeite seit 1988 in diesem Beruf, also seit dreißig Jahren. Das ist mir noch nie passiert, dass jemand wirklich vehement versucht hätte, mich zu bekehren. Was ich wohl erlebt habe, aber das ist etwas ganz anderes und sogar konstruktiv, das sind Angriffe auf unsere psychotherapeutischen Systeme: Manchmal kommt das ganz leise herüber im Gespräch, wenn Patienten etwa sagen: »Ich weiß, dass Sie dazu jetzt persönlich nichts sagen dürfen, aber was mache ich denn nun, wenn ich das Gefühl habe, einem Engel begegnet zu sein?« Dann sage ich: »Vielleicht darf ich ja doch etwas dazu sagen. Mein Beruf verbietet mir ja nicht, eine Haltung einzunehmen.«

Und was bedeutet es?

MILZNER Ich würde mir die Erfahrung natürlich beschreiben lassen. Wenn dann die Kardinalfrage käme: »Glauben Sie persönlich denn, dass man Engel sehen kann oder dass Engel zu einem kommen können?«, wäre ich als Person gefordert. Ich würde vielleicht antworten: »Ich halte es grundsätzlich für möglich.« Ich würde zwar nicht jedem empfehlen, Engelsmeditation zu betreiben, das geht ja meist eher in esoterische Richtungen oder bedient narzisstische Wunscherfüllungsfantasien: einen Engel für dies, einen Engel für jenes. Aber wenn jemand tatsächlich so ein Offenbarungserlebnis oder eine visionäre Schau erlebt hat, Herrgott, ja, wunderbar erst einmal! Dann würde ich es als mein persönliches Bekenntnis verstehen, zu sagen, ja, ich halte das für möglich.

UTSCH Ich habe das schon ab und zu erlebt, gerade bei hochreligiösen Patienten, dass die mich abgeklopft haben auf die »Rechtgläubigkeit«. Das ist natürlich eine Prüffrage und kann eine heikle Stelle in der Beziehungsgestaltung werden, wenn die Vertrauensbeziehung plötzlich auf dem Spiel steht. Diese Personen wollen herausfinden, ob ich in rechter Weise ein Christ bin, wie ich die Heilige Schrift auslege, welche dogmatischen Überzeugungen ich vertrete oder ob ich womöglich von dem wahren Glauben abgefallen bin – da gibt es auch im Christentum sehr fundamentalistische Milieus, das ist nicht nur im muslimischen Glauben oder in anderen Religionen so.

An solchen Stellen kann man in die Gefahr geraten, ein theologisches Streitgespräch führen zu müssen, allerdings führt das eigentlich immer vom eigentlichen Konflikt weg. Ich versuche dann, darauf zu schauen, welche Bedeutung die Rechtgläubigkeit oder das starre System beim Patienten hat und ob er in der Lage ist, das wahrzunehmen und zu erkennen. Ein kontrollierend-strafendes Gottesbild kann beispielsweise ein depressives Selbstbild verstärken und festigen. Hier nicht das Gottesbild in die Behandlung einzubeziehen wäre ein therapeutischer Kunstfehler!

Damit ein Patient sich aber traut, über seine Gotteserfahrungen zu sprechen – auch die negativen –, ist großes Vertrauen nötig. In der Krise kann dann gemeinsam angeschaut werden, warum das alte Gottesbild nicht mehr greift, der Glaube nicht mehr funktioniert, mit seiner aktuellen Lebenssituation nicht mehr zusammenpasst. In der Behandlung sollten wir Therapeuten dann prüfen, wie das Gottesbild modifiziert werden könnte, um wieder tragfähig zu werden.

Das sind allerdings ganz schwierige, oft langjährige Prozesse, weil religiöse oder spirituelle Überzeugungen ganz grundsätzliche Emotionen betreffen. Es gibt bisher nur wenig Fallmaterial, an dem man sich zum Beispiel anschauen könnte, wie man gut damit umgehen kann. Zusammen mit Eckhard Frick und zwei Kolleginnen aus dem DGPPN-Fachreferat haben wir kürzlich das erste »Fallbuch Spiritualität in Psychotherapie und Psychiatrie« veröffentlicht. Dort sind zwanzig Fallgeschichten beschrieben und kommentiert, bei denen der Glaube bei manchen die Störung verstärkte, bei anderen zur Heilung beitrug.

Nach meiner Einschätzung werden spirituelle Konflikte oder Krisen zunehmen, weil unsere Dialogkultur in der pluralistischen Gesellschaft noch zu schwach entwickelt ist. Wir werden in Zukunft genauer hinschauen und unsere Professionalität in diesem Punkt weiterentwickeln müssen, um mit solchen Glaubenskonflikten besser umgehen zu können. Es lohnt sich, darauf zu achten, wie sich Menschen in solchen Krisen weiterentwickeln können, zu einer reiferen Umgangsform mit nicht mehr passenden Überzeugungen gelangen und auch vielleicht pathologische Formen hinter sich lassen. Davon betroffene Patientinnen und Patienten spüren sehr genau, ob der Therapeut bei diesen Fragen einfühlsam und wach ist. Solche heiklen Themen würden diese Menschen nicht mit einem ungläubigen Therapeuten besprechen können. Bei hochreligiösen Personen ist die Passung zwischen Therapeut und Klient besonders wichtig. Wenn der Glaube für mich ein elementarer Bestandteil meines Selbstverständnisses und meiner Identität ist, dann wünsche ich mir als Patient ein Gegenüber, das meine Sprache, meine Rituale und mein Weltbild kennt.

Also insbesondere auf der Beziehungsebene?

UTSCH Genau. Religiöse Systeme oder Gemeinschaften zeichnen sich zum Beispiel durch eine gemeinsame Sprache aus. Für einen religiös »unmusikalischen« Therapeuten ist das sehr aufwendig, in den Sprachduktus zum Beispiel russlanddeutscher Baptisten zu kommen oder von Mormonen oder bestimmter schamanischer oder spiritistischer Zirkel. Die Vielfalt der Weltbilder ist mittlerweile so groß, dass es schon hilfreich ist, wenn ich selbst mit dem Sprachsystem und der Glaubensdogmatik einer bestimmten Richtung vertraut bin.

MILZNER Wie läuft denn dann die Arbeit mit jenen, die fern von den eigenen vertrauten Systemen liegen? Haben Sie schon mal mit Angehörigen schamanischer Kulturen gearbeitet? Oder mit Wicca-Hexen?

UTSCH Ich habe solche Menschen kennengelernt, allerdings nicht als Patienten, sondern auf Seminaren und Tagungen. Natürlich ist immer die Frage, ab welcher Stelle ein Glaube pathologisch wird, regressiv, fundamentalistisch, wo er fanatisch und dysfunktional wird. Glaubenssysteme ähneln sich gerade in dem Spektrum der Rechtgläubigkeit und können nach ihrem Radikalisierungsgrad eingeordnet werden. Mein Plädoyer: Wenn ich mich in einem System gut auskenne und damit Erfahrungen gemacht habe, solche Personen zu begleiten, auch fundamentalistisch orientierte Gesinnungen oder Menschen, die unter einer fundamentalistischen Gesinnung leiden oder dadurch psychisch beeinträchtigt sind, dann ist es sehr viel einfacher, das von der Psychodynamik her analog auf andere Glaubenssysteme zu übertragen. Die Prozesse sind eigentlich ganz ähnlich. Dazu brauche ich nicht alle Details des Glaubenssystems zu kennen. Die

Wicca-Hexen

Unter Wicca wird eine neuheidnische Religion verstanden. Die sich meist als »Hexen« bezeichnenden Anhängerinnen und Anhänger glauben an ein gleichberechtigtes Götterpaar. Das englischsprachige »Wicca« bedeutet eigentlich »Hexer«. Die Wicca-Bewegung entstand im Verlauf der ersten Jahrzehnte des 20. Jahrhunderts und versteht sich selbst als naturverbundene Spiritualität. Die Rituale orientieren sich an acht Jahreskreisen und am Mondzyklus.

gruppenorientierte Dynamik ist eigentlich ganz ähnlich, und auch der Umgang mit Emotionen und die innerseelischen Prozesse verlaufen analog.

Hätten Sie einen Tipp für einen Therapeuten, der sich durch und durch als atheistisch sieht, wenn der einen tiefgläubigen Klienten dasitzen hat, der massiv zweifelt an seinem Glauben?

MILZNER Der Schlüssel läge wohl bei der Empathie. Dass ein Mensch an dem zweifelt, wovon er einmal ganz und gar überzeugt gewesen ist, passiert ja nicht nur religiösen Menschen. Zweifel stehen überdies oft mit erlebten Enttäuschungen in Zusammenhang, mitunter sind sie Teil einer größeren persönlichen Krise. Deswegen hätte ich den Eindruck, dass atheistische Überzeugung und religiöser Zweifel hier nicht die Leitthemen sind. Wir sagten eben schon, dass ein Therapeut nicht missionieren darf. Das gilt auch für missionarischen Atheismus, und ein guter Therapeut würde seine atheistische Überzeugung hier nicht zum Thema machen, sondern eher schauen, wie er dem Klienten helfen kann, in seiner Krise wieder zu einem tragfähigen Fundament zu kommen.

UTSCH Wenn der Glaubenszweifel im Zusammenhang mit einer Störung und dem Behandlungsauftrag steht, ist der Therapeut herausgefordert. Kann er Mitgefühl für die Zweifel des Patienten entwickeln? Oder wähnt er sich in seiner atheistischen Haltung dem Patienten überlegen? Wenn ich hier als atheistischer Therapeut meine eigene Perspektive nicht verlassen kann und mich nicht in die religiöse Weltsicht einfühlen kann, bin ich wahrscheinlich nicht die richtige Begleitperson für diesen Fall.

Sinnsuche und Sinngebung

Wie arbeiten Sie beide mit einem Atheisten?

MILZNER Genauso wie mit jedem anderen Menschen. Bei vielen Störungsbildern spielen weltanschauliche Fragen ja ohnehin eine untergeordnete Rolle und müssen nicht unbedingt exploriert werden. Aber nehmen wir mal an, es handelt sich um eine Lebenskrise, die nicht so klar diagnostisch zugeordnet werden kann. Ich möchte bei Lebenskrisen von religiösen Menschen wie von Atheisten und Agnostikern grundsätzlich wissen: »Was macht für Sie ein Leben lebenswert? Wann hätten Sie das Gefühl, ein sinnvolles Leben gelebt zu haben? Wann hätten Sie das Gefühl, mit dem, was Ihnen beigegeben ist, wo immer es herkommt, auf eine gute Art umgegangen zu sein?«

Ich habe durch meine Semester in Biologie relativ viele Atheisten kennengelernt, die von sich sagen, sie seien Evolutionsbiologen, da habe eine Gottheit keinen Platz. Das halte ich für ein recht verengtes Modell, aber es ist nun einmal eines, das bei Naturwissenschaftlern häufig vorkommt. Auch ein Evolutionsbiologe kommt aber nicht umhin, sein Leben so zu leben, dass er es als stimmig begreift. Auch ein Evolutionsbiologe erlebt, dass er in Situationen gerät, bei denen er merkt, da wirkt irgendetwas anderes, jedenfalls nicht sein Wille, und auch der blinde Zufall scheint es nicht zu sein. In solchen Situationen können wir anders zu fragen beginnen, können nach Unbewusstem ebenso fragen wie nach womöglich Schicksalhaftem. Letztendlich ist die sinnfindende Fragestellung angesichts von Diffusion oder Verunsicherung eigentlich immer nur die: Was entscheidet da gerade in meinem Leben, und entscheidet es richtig?

Herr Professor Utsch, wer entscheidet im Leben eines Klienten?

UTSCH Unsere Berufsrichtlinien heben hervor, dass jede Behandlung wertneutral verlaufen soll. Jegliche ideologische Beeinflussung des Klienten ist zu unterlassen. Aber dass jemand einen psychodynamisch, systemisch oder kognitiv arbeitenden Kollegen aussucht, das ist ja auch schon eine Entscheidung hinsichtlich des Weltbildes! Allerdings sind Glaube und Religion ein besonders schützenswerter Raum, deshalb ist auch die fremde Glaubensüberzeugung eines Klienten unbedingt zu respektieren. Hier sind besonders kultur- und religionssensible Psychotherapeuten gefragt.

Ein Expertenteam amerikanischer Religionspsychologen um Cassandra Vieten hat einige Kompetenzen im Umgang mit diesen Fragen für Psychotherapeuten erarbeitet. Psychotherapeuten und Psychiater sollten in der Lage sein, empathische und effektive Beratungen und Therapien mit Klienten unterschiedlicher weltanschaulicher Prägungen, Bindungen und Intensitätsgraden durchzuführen. Sie sollten den Hintergrund explorieren, also die Erfahrungen, Praktiken, Haltungen und Überzeugungen standardmäßig als Bestandteil der Anamnese sehen. Sie sollten ihren Klienten helfen, ihre religiösen oder spirituellen Stärken und Ressourcen herauszufinden und einzusetzen. Dabei sind religionsbedingte Störungen, Belastungen und Krisen zu erkennen und in Behandlungen zu benennen, um bei Bedarf an religiöse Experten oder Seelsorger zu verweisen. Sie sollten sich außerdem informieren über den aktuellen religionspsychologischen Forschungsstand in Bezug auf ihre klinische Praxis, um dadurch ihre eigenen Kompetenzen in diesem Bereich zu verbessern.

Solche Fertigkeiten sollten auch in unseren Weiterbildungen trainiert werden!

Ich war bei den Atheisten und habe eine Unterstellung herausgehört: Wenn ein Atheist eine Lebenskrise hat und fragt nach dem »Sinn«

seines Lebens, dann fehlt ihm ein Glaubensbezug, er hat ein spirituelles Defizit und davor bewahren wir ihn mit einer Gottesvorstellung?

MILZNER Nein, überhaupt nicht, das habe ich nicht gesagt. Das ist ganz und gar nicht das Modell, dem ich folgen würde. Wie gesagt, ich gehe an den atheistischen Patienten genauso heran wie an jeden anderen auch, ob die spirituelle Ebene vorkommt oder nicht. Die ist von Anfang an in der Therapie überhaupt nicht zwingend bedeutsam, und ob die Weltanschauung relevant wird oder nicht, entscheidet dann der Strauß von Fragestellungen, den der Klient eben auch noch mitbringt.

UTSCH Ich kenne erfolgreiche Behandlungsverläufe, bei denen es beiden gelungen ist, sich trotz der unterschiedlichen Weltanschauung gut aufeinander einzustellen – vielleicht war da der Glaube aber keine so ganz zentrale Ursache der Störung. Beide Seiten hatten von dem Austausch profitiert. Wir dürfen übrigens auch nicht vergessen, dass auch Therapeuten eine ganze Menge von ihren Patienten lernen, zum Beispiel wie sie ihren Alltag trotz schwerer Bedingungen gestalten und wie sie ihren Sinn finden.

Ich würde die besondere spirituelle Passung begrenzen auf jene Fälle, in denen der Glaube ein Teil des Problems ist. Ansonsten spielt das keine so große Rolle. Bei Atheisten halte ich es für wichtig, das szientistische Missverständnis aufzuklären, Vertrauen in die Naturwissenschaften sei keine Form von Glauben. *Jede* Annahme über den Menschen beruht auf Vorannahmen, egal, ob säkular, religiös oder spirituell begründet. Darüber sollten wir aufklären und uns das gründlich anschauen. Wir alle brauchen bestimmte Wurzeln, die letztlich unhinterfragbar bleiben. Das sind Setzungen. Die Vorstellung von der sogenannten Wertneutralität in der Psychotherapie halte ich für veraltet.

MILZNER Vielleicht müsste man noch hinzufügen, dass das Wort »Atheismus« ja nicht viel über das gelebte Leben sagt und was daraus folgt.

Wie auch »Gläubigkeit« nicht, denn wir alle kennen Beispiele für Menschen, die sonntags in der Kirche sitzen und ansonsten brutal durch ihre Mitmenschen pflügen.

MILZNER Natürlich. Aber selbst die haben noch andere Facetten. Es gibt dieses schöne Beispiel in einem der Milgram-Experimente, in dem so ein Südstaatenprotestant vorgestellt wird, den man erst mal nicht gerade sympathisch findet, dafür ist er viel zu eng und streng und superhart. Aber der ist einer der wenigen, die die Stromstöße verweigern, er sagt: »Herr Doktor, ich mache das nicht, ich gebe dem keinen Stromstoß, Gott hat verboten, dass man Menschen quält.« Er erscheint unsympathisch, aber er handelt richtig.

Wenn man jetzt bei einem ebenso strengen Atheisten bleibt, stellt sich auch da die Frage: Wird daraus ein verantwortlicher, lustvoller Mensch, der sagt: »Mein ganzes Reich ist von dieser Welt und ich werde daraus machen, was ich nur kann« – etwa wie Albert Camus, von dem das schöne Zitat mit dem ganzen Reich stammt? Oder wird daraus ein Zyniker und jemand, der sagt: »Wenn Gott nicht da ist, ist alles erlaubt!« Man müsste sich immer die Konsequenzen einer Weltanschauung ansehen, und zwar die *individuellen* Konsequenzen. Ob jemand aus Religion zum Eiferer und Verfolger wird, ob er zum Nährer und Bewahrer wird oder ob er sich beschützend einsetzt oder aber sich brutal in die Dienste der kriegerischen Instinkte nehmen lässt – *das* ist die entscheidende Frage.

Das Stichwort »Sinn des Lebens« ist gefallen. Den »Sinn« eines Menschenlebens kann man kategorial grundverschieden verorten. Was ist der Sinn des Lebens?

UTSCH Das Leben wird dann sinnvoll, wenn ich einen Platz finde, an dem es mir gut geht und ich gebraucht werde. Diesen Platz herauszufinden ist angesichts einer riesengroßen Vielfalt nicht so einfach. Die Frage kann ich nicht allgemein beantworten, sondern da muss ich mein Herz befragen und schauen, was meine Begabungen sind und wohin mich mein Herz führt.

MILZNER Ich bin hinsichtlich der Sinnfrage eher skeptisch. Wenn Klienten sagen, dass sie unglücklich sind, weil sie in ihrem Leben keinen Sinn sehen können, erzähle ich vielleicht von einem Königstiger, der durch den Dschungel streift. Er kennt den Sinn seines Lebens nicht und er fragt danach auch nicht weiter. Trotzdem lebt er ein gutes Leben.

Die Frage nach der Sinnfindung stellt man ja, wie das kleine Beispiel illustriert, erst ab einer bestimmten Entwicklungsstufe des Gehirns, und sie führt meistens dazu, dass das Leben schwierig wird. Insofern ist mein erstes Ziel bei dieser Fragestellung eine gewisse Entkrampfung. Vielleicht würde ich als Angebot der Betrachtung auch sagen: »Aus irgendeinem Grunde sind Sie hier, Sie sind von irgendetwas gewollt, von der Natur, von Gott, von einer schöpferischen Kraft – irgendetwas scheint doch gewollt zu haben, dass Sie da sind.« Manchmal helfen solche Interventionen, weil sie die Überlegungen auf eine andere Stufe führen.

Wir können die Suche nach dem Sinn des Lebens auch unter suggestiven Bedingungen angehen. Das Wort »Suche« impliziert keineswegs, dass dabei etwas herauskommen wird, denn nicht jeder Mensch, der sucht, findet auch. Wir könnten unserem Patienten das Angebot machen, auf die »Findung« zu gehen anstatt auf die Suche. Wann man finden wird, weiß man nicht. Aber man kann sich darauf ausrichten, *dass* man finden wird.

Oft scheint mir das, was Klienten mit der Suche nach dem Sinn des Lebens umschreiben, eine Stufe der Selbstwerdung zu sein. Wir sprachen schon von Carl Gustav Jung, der gesagt hat: Es gibt Nummer eins und Nummer zwei in unserer Persönlichkeit. Nummer eins ist jene Persönlichkeit, die im äußeren Leben ankommt, die Geld verdient, eine Familie gründet, eine Position innehat. Nummer zwei ist die, die *werden* will. Nummer zwei ist das, was von unten her hochkommt. Sie macht die Reifungskrisen und sorgt dafür, dass wir bestimmte Dinge nicht bekommen, auch wenn wir sie uns vordergründig wünschen. Aber wir bekommen andere, an die wir gar nicht gedacht haben. Nummer zwei ist also die eigentliche Selbstwerdung. Wenn es gelingt, die Frage nach dem Sinn so zu verschieben, dass der Klient nach dem schaut, was in ihm werden will, dann ist viel erreicht. Dann tritt an die Stelle des verkopften Gedankenkreisens echte Introspektion.

UTSCH Es kommen ja immer wieder Patienten, die mit dieser Frage an uns herantreten. Sie befinden sich in einer Sinnkrise und wünschen sich Unterstützung. Ich finde den Zugang von Viktor Frankl und der Existenzanalyse hilfreich. Nach Frankl wird Sinn erlebt, indem persönliche Werte verwirklicht werden.

Frankl unterscheidet drei verschiedene Wertekategorien: Da sind zunächst mal die Schaffenswerte: Ich kann meine Talente entfalten, ich kann kreativ und produktiv etwas herstellen. Dann gibt es die Erlebniswerte: Ich kann eine tolle Reise machen, ich kann ein Konzert oder ein besonderes Menü genießen. Die dritte Kategorie sind die Einstellungswerte. Es gibt natürlich Situationen, in denen mir Genuss und Produktivität verwehrt sind. Aber auch ein sehr eingeschränkt lebender Mensch oder eine stark behinderte Person kann ein sehr sinnvolles Leben führen. Sie kann würdevoll und mit Haltung diese Einschränkung oder die Krankheit ertragen.

Jedem Leben sind bestimmte Aufgaben gegeben. Ich muss die Herausforderungen des Lebens annehmen. Nicht ich stelle die Frage nach dem Sinn, sondern das Leben fragt mich, und ich muss dem Leben antworten und bin herausgefordert, diese Werte zu verwirklichen. Wenn ich diesen Sinn anpacke, vielleicht mit der Hilfe eines Coachings oder mit therapeutischer Unterstützung, werde ich meinen Alltag als sinnvoll erleben.

MILZNER Was sicher hilft, ist, wenn man Patienten auffordert, sich mal umzuschauen und zu sagen, welche Menschen sie toll finden. Vorbilder, Leitbilder, Modelle geben ja oft schon Auskunft, wo es mit einem Menschen hingehen will. »Bei wem würden Sie sagen, so zu leben müsste toll sein?« Das ist eine hilfreiche Frage, aber man muss mit ihr durch Klischees hindurch. Häufig wird bei der Antwort auf Prominente zurückgegriffen. Ein Patient antwortete mir mal mit »Robbie Williams«. »Gut«, habe ich geantwortet, »nehmen wir mal an, Sie sind jetzt Robbie Williams und sind sehr erfolgreich und werden überall bestaunt, aber Sie haben auch dauernd Depressionen und mächtige Abstürze und Sie sagen in Interviews so Dinge wie: ›Ich wollte immer geliebt werden‹, merken aber irgendwie, dass es bei alldem nicht um richtige Liebe geht, sondern um narzisstische Bewunderung – was etwas völlig anderes ist. Plötzlich fehlt also auch einem Robbie Williams etwas, da nützt ihm all sein Erfolg nichts.« Wir müssen therapeutisch solche Sinnsuchen auch immer wieder erden. Auch ein gläubiger Mensch holt seinen Sinn des Lebens ja nicht einfach von Gott.

Noch eine weitere Variante, wie wir mit dem Thema der Sinnsuche umgehen können: Wir Therapeuten sind nicht nur diejenigen, die sich mit Bewertungen zurücknehmen, wir sind manchmal auch Storyteller. Warum sind solche Bücher wie »Der Herr der Ringe« so verbreitet, warum ist »Die unendliche Geschichte« so begehrt, warum sind diese ganzen mythischen Geschichten nie verschwunden? Weil sie Antworten geben.

Hinsichtlich der Sinnfindung sind die mythischen Geschichten interessant, denn sie lehren, dass das, was später so sinnvoll erscheint, etwas ist, was man eigentlich nicht will. In »Der Herr der Ringe« gibt es die Stelle, an der Frodo fragt: »Warum muss eigentlich ich das machen? Ich bin weder groß noch bin ich stark, ich bin auch nicht besonders intelligent, warum ich?« Und Gandalf antwortet: »Ehrlich gesagt, das weiß ich auch nicht, ich weiß nur, dass du es nun mal bist.« Ganz ähnlich ist es mit Harry Potter, der sich auch lieber etwas anderes ausgesucht hätte als das, was er dann erlebt.

Vor diesem Hintergrund noch ein ernsthaftes Beispiel: Es betrifft einen chronisch unzufriedenen Mann, bei dem man den Eindruck gewinnen konnte, dass die Unzufriedenheit so etwas wie ein ständiger Stachel war; etwas, was ihn immer weitertrieb. Ich habe ihm damals geantwortet: »Sie haben eine Frau, die Sie toll finden und mit der Sie sehr gerne zusammenleben, Sie haben Kinder, die Sie mögen, Sie haben eine einfache Arbeit, aber die können Sie richtig gut. Sie haben ein Hobby, das Ihnen Spaß macht. Aber Sie sind unzufrieden; das Angenehme scheint Ihnen nicht zu genügen. Vielleicht fragen Sie sich mal, ob Sie nicht noch etwas Neues ausprobieren könnten, womöglich etwas, was Ihnen eigentlich überhaupt nicht gefällt. Vielleicht liegt das, was Sie zufriedenstellen würde, im zunächst Unangenehmen.« Manchmal ist auch so etwas hilfreich.

Sie als Therapeuten kennen das noch in einer anderen Variante: Sie haben eine Mutter da sitzen, die ihr noch kleines Kind verloren hat und fragt: »Warum passiert das mir?« Die Antwort könnte sein: »Blanker Zufall, Sie müssen das nicht überinterpretieren.« Viele Menschen neigen aber dazu, das in überkonstruierte Sinnmuster zu bringen. Wieso eigentlich? Die Zufallsannahme wäre doch psychisch sehr entlastend.

MILZNER Ich hatte schon häufiger mit Menschen zu tun, die Kinder verloren haben, bevor sie auf die Welt kamen, also Fehlgeburten, In-vitro-Fertilisationen, die schiefgegangen waren, und Ähnliches. Manche davon leiden sehr und fragen sich, ob sie etwas falsch gemacht haben. Vielleicht haben sie auch einen esoterischen Hintergrund und sagen, dieses Kind habe nicht zu ihnen gewollt – warum nicht? Wenn sie »psychotherapieneurotisch« sind, dann graben sie in sich hinein und überlegen sich, ob es nicht etwas in ihnen gab, was das Kind doch klammheimlich abgelehnt hat, ob die innere Beziehung vielleicht zu schlecht war. Das heißt, sie haben diesen iatrogenen Effekt mancher psychologischer Praktiken und machen sich letztendlich verantwortlich. Dann finde ich es sehr hilfreich, zur Erde zurückzukehren und zu sagen: »Ich habe als Tierforscher mal eine Orang-Utan-Dame kennengelernt. Diese Orang-Utan-Dame hatte dreizehn Abgänge nacheinander. Dreizehn! Das kommt in der Natur permanent vor, am laufenden Meter. Der einzige Grund, warum es den Tieren damit besser geht als uns, ist, dass sie einfach immer weitermachen. Sie trauern auch, das ist erkennbar, aber sie bleiben in ihrem lebendigen Strom. Sie fangen nicht an, sich mit Fragen künstlich zu lähmen, sondern sie machen einfach immer weiter.«

UTSCH An solchen Schlüsselstellen im Leben kann man feststellen, dass auch religiöse Menschen zwar unter einem Schicksalsschlag leiden können, dass es ihnen aber in der Regel leichter fällt, etwas Sinnloses zu akzeptieren. Es gibt Möglichkeiten, Leiden umzuinterpretieren, eine religiöse Deutung vorzunehmen und damit dem Stachel die Spitze zu nehmen. Es gibt empirische Studien an deutschen Patienten, dass es religiösen Menschen leichter fällt, Schmerzen zu ertragen. Sebastian Murken hat dazu geschrieben. Sie sind schmerzunempfindlicher durch ihre Fähigkeit der kognitiven Umstrukturierung. Da bietet Gläubigkeit eine Ressource und eine Copingstrategie, die wir nicht unterschätzen sollten.

MILZNER Sind Sie sicher, dass das nicht auch am Ausdruck der Emotionalität hängt? Schmerzempfindlichkeit hängt nämlich auch vom Ausdruck der Emotionen ab. Italiener sind signifikant schmerzempfindlicher als Norweger, weil sie von vornherein lernen, dem Schmerz Ausdruck zu geben, und dadurch entstehen Rückkopplungen. Es könnte also sein, dass das vor allem für die religiösen Felder gilt, wo die Emotionen unten gehalten werden.

Das ist nicht zwingend ein Widerspruch.

MILZNER Nicht zwingend, nein.

UTSCH Auch ich habe Schwierigkeiten damit, mit einem gläubigen Patienten darüber zu debattieren, solche Schicksalsschläge seien persönliche Strafen. Welch ein grausames Gottesbild mag dahinterstecken, wenn jemand sagt, die Erkrankung sei die Strafe Gottes für ihn, er habe sicher etwas falsch gemacht, und der dann anfängt, nach eigenen Fehlern zu suchen. Ich halte es dann für sehr hilfreich und nützlich, dass man Kontakte zu Seelsorgern aufnimmt, mit denen solche spezifisch theologischen oder spirituellen Fragen besprochen werden können.

Wenn ich als Behandler in ein theologisches Streitgespräch über den strafend-richtenden oder liebevoll-barmherzigen Gott einsteige, besteht die Gefahr, die therapeutische Ebene zu verlassen. Mir geht es in erster Linie um die empathische Erfassung des persönlichen Gottesbildes, das ich meinem Gegenüber auch widerspiegle. Übrigens auch bei muslimischen Patientinnen und Patienten. Die theologische Deutung und damit auch Korrekturen eines einseitig verzerrten Gottesbildes, das jegliche Liebe, Fürsorge und Mitgefühl ausblendet, überlasse ich lieber den Seelsorgern. In Berlin sind wir dabei, ein religionsübergreifendes Netzwerk ins Leben zu rufen.

Ich glaube, dass der spirituelle Bereich eine hohe Bedeutsamkeit hat für Heilungsprozesse, dass ich aber als Psychotherapeut nur eine begrenzte Aufgabe dabei habe und mich auf meine Kompetenzen beschränken sollte. Die Behandlung einer erkrankten Person als Körper-Seele-Geist-Einheit gelingt idealerweise interdisziplinär. Es ist enorm hilfreich, wenn ich über ein Netzwerk von Seelsorgern verfüge, wie ich auch mit Ärzten zusammenarbeite, wenn beispielsweise eine Medikation angezeigt ist, und ein paar ärztliche Kolleginnen und Kollegen habe, die ich empfehlen kann, gerade wenn hochreligiöse Patienten kommen. Das Besprechen spiritueller Fragen und religiöser Zweifel gehört nun mal nicht zu den Aufgaben der Psychotherapie.

MILZNER Das stimmt. Wobei es schon etwas aussagt, wenn der Patient, der sich von Gott gestraft sieht, ausgerechnet zu uns kommt. Vielleicht müsste man das sogar ansprechen und sagen: »Sie wissen ja, ich bin kein Priester, und eigentlich ist das, was Sie ansprechen, Sache eines Priesters, aber Sie kommen ja zu mir. Hat das einen bestimmten Grund? Sie wollen von mir nichts über Gott erfahren, sondern Sie wollen von mir etwas anderes. Was ist das denn?«

Das ist nicht ganz unähnlich dem, wenn paranoide Patienten zu uns kommen und wir fragen, was sie denn eigentlich bei uns wollen, denn ihr Anliegen sei doch eigentlich eine Sache für die Polizei, wenn beispielsweise eine Organisation von Weltverschwörern sie überall beschattet. Im Idealfall schafft man damit so einen ganz kleinen Spalt, in dem deutlich wird, dass die Person noch eine andere Motivation hat, auch wenn das noch nicht in ihrem Bewusstsein ist.

UTSCH Mir fällt gerade ein Patient ein, der mit so einer Gottesbildproblematik zu mir kam. Sein Unbewusstes hatte ihm längst »gesagt«, so habe ich ihn verstanden, er solle mal lieber zum Therapeuten als zum Pastor gehen, denn eigentlich war ihm klar, dass durch seine schlechte Vaterbeziehung – er hatte sehr unter einem aggressiven, autoritären Vater gelitten – ein bestimmtes Gottesbild vorgeprägt war. Diese emotional negativ getönte, ambivalente Bindung hat ihn in seiner Religiosität sehr bestimmt, und davon wollte er sich befreien. In der Behandlung war das auch gut möglich, und es stellte sich heraus, dass seine Schuldgefühle in erster Linie gar nicht theologischer Natur waren, sondern dass die Notwendigkeit bestand, seine Vaterbeziehung zu analysieren. Das veränderte nach und nach auch das subjektive Gottesbild. Nicht nur die Vaterbeziehung, auch die Gottesbeziehung kam aus der einseitig dunklen Tönung heraus und hellte sich auf. Dafür war das psychotherapeutische Setting natürlich das richtige. Manchmal müssen wir also erst mal herausfinden, was womit zu tun hat.

Haben Sie das öfter, dass Sie das Bild vom strafenden Gott umbuchstabieren müssen?

MILZNER Ich kaum.

UTSCH Bei mir kommt das öfter vor, weil ich natürlich als Referent der evangelischen Kirche tätig bin und damit sofort erkennbar ist, dass ich evangelisch bin. Dadurch kommen häufiger Menschen mit einem Gottesbildproblem zu mir, ja. Früher hat man das ekklesiogene, also kirchenbedingte Neurose genannt. Störungen dysfunktionaler Religiosität, aber auch religiöse Zwänge sind heute noch verbreiteter, als man denkt. Dazu haben Ulrike Röhl, Christian Zwingmann und Kollegen sowie Burkhard Ciupka-Schön und Hartmut Becks veröffentlicht.

Auch heute noch existieren geschlossene Gemeinschaften, die solche Gottesbilder tradieren. Weil es aber nach wie vor hochreligiöse Menschen gibt und auch fundamentalistische Entwicklungen in solchen Gruppen, sind Störungen dieser Art bei etlichen Patienten vorhanden. Solche Fragen nach dem Gottesbild spielen im christlichen Bereich schon noch eine Rolle. Wahrscheinlich findet sich das bei anderen Therapeuten, die nicht so offensichtlich einen Glauben vertreten und transparent machen, nicht so häufig.

MILZNER Es könnte auch sein, dass diese Selbstbeschreibungen – wie Tilmann Moser oder Ludger Lütkehaus sie gegeben haben, dieses ständige Verfolgtsein von einem sehr dunklen, strafenden, beobachtenden, richtenden und permanent wertenden Gott – insgesamt weniger geworden sind. Das scheint mir doch durch die kulturelle Veränderung abgenommen zu haben. Gläubige Atheisten können einem ja auf die Nerven gehen, aber so etwas vermitteln sie eben in der Regel doch nicht.

Ja, es ist ein ständig bewertender Gott …

Milzner Ja, ja, natürlich. Wobei ein handelnder Mensch natürlich auch werten muss, um zu Entscheidungen zu kommen. Unser limbisches System lässt nichts anderes zu, als zu werten, wenn wir Entscheidungen treffen wollen. Der Neuropsychologe Rhawn Joseph meinte mal, selbst Gott müsse durch unser limbisches System hindurch. Hier ging es weniger um einen bewertenden Gott als um das ständige *Ab*werten.

Neurowissenschaften: Grundlegung oder Banalisierung?

Herr Milzner, Sie haben den Versuch unternommen, das Bedürfnis nach Spiritualität auch neurologisch zu fassen, indem Sie sagen, spirituelle Bedürfnisse könnten sich menschheitsgeschichtlich in gewissen neurologischen Schaltkreisen abgesetzt haben.

MILZNER Ja, das ist ein Modell, mit dem man religiöse Erfahrungen als gültige Erfahrungen stehen lassen kann, ohne deswegen die Neurowissenschaft über Bord zu werfen oder abwehren zu müssen. Einerseits ist es so, dass wir menschliche Erfahrungen vor dem Hintergrund unserer Wissenschaft immer neu erklären und verstehen können. Andererseits besteht immer die Gefahr, dass naturwissenschaftliche Erklärungsansätze den Gehalt menschlicher Erfahrungsräume flachbügeln. So scheint es mir heikel, wenn Medizinhistoriker und Hirnforscher im Handstreich Paulus zu einem Epileptiker erklären, Hildegard von Bingen zur Migränikerin und dann so tun, als sei damit auch gleich der ganze Rest erklärt. Das wird seit einem Jahrhundert so praktiziert und ist heute noch so dumm wie damals. Ich erinnere nur an Charles Singer oder Oliver Sacks. Diesen fatalen Banalisierungen wollte ich gerne etwas entgegensetzen. Mit dem Schaltkreismodell ist das ganz gut gelungen, finde ich jedenfalls.

Wenn Sie etwas als Banalisierung erleben, scheint Sie das manchmal richtig aus dem Sessel kommen zu lassen, oder? Man kann aber auch gegenhalten und sagen: Wenn wir ein Jenseits- und höheres Sinnmodell voraussetzen, das eben nicht auf unser banales Diesseits beschränkt ist, dann machen wir uns damit gleichzeitig wertiger. Wir haben Verbindungen zu einem Gott, so etwas wertet uns ja ungemein auf. Wer, wenn nicht wir?

MILZNER Wenn wir damit kokettieren würden, ja, aber wenn wir das in aller Stille tun?

Psychodynamisch und in der Selbstüberhöhung stellt das keinen Unterschied dar. Müssen wir nicht unsere Wertigkeit vielleicht hochfahren, damit wir uns als Mensch bedeutender machen, um nicht auf die Banalität unseres Daseins zu stoßen? Wir sind eine Affenart neben etwa dem von Ihnen angeführten Orang-Utan.

MILZNER Das hört sich nach einer Art Selbstwertkrise unserer Spezies an, oder? Der Orang-Utan und der Königstiger hätten dieses Dilemma nicht, die wären sich selbst genug.

Eben.

MILZNER Ob Strandkrabben schon religiös sind, wissen wir nicht, es ist eher unwahrscheinlich. Der Wolf zeigt zwar manchmal Momente von Stimmungen, bei denen man sagen könnte, ja, vielleicht ruht er wirklich jetzt in sich und nimmt irgendetwas wahr. Das wissen wir natürlich ebenfalls nicht, aber die entsprechende Haltung könnten wir Menschen so deuten. Ob er damit aber mehr wert wäre als die Qualle?

Dieses Thema, was überhaupt Wert hat und was nicht beziehungsweise welchen, das ist ein Thema, das ich am liebsten ein für alle Mal erledigen würde, jedenfalls wenn es um Lebewesen geht. Von Charles Darwin gibt es in einem seiner Notizbücher eine Bemerkung, mit der er sich selbst ermahnt, nicht mehr von höheren und niederen Lebensformen zu sprechen. Das gefällt mir unwahrscheinlich gut. Darwins Lieblingstier, wenn man das mal so emotional sagen will, war der Regenwurm. Er hat gesagt, der Regenwurm sei so etwas wie die britische Arbeiterklasse. Ohne den geht gar nichts in unseren Böden.

Ich finde diesen Gegensatz von niederen und höheren Lebensformen deshalb wirklich ein Problem. Auch weil sich dann daraus ganz schnell die »Krone der Schöpfung« ableiten lässt. Ich würde sagen: Wir Menschen sind evolutionär in einem Schöpfungsbogen und befinden uns an irgendeiner Stelle darin. Wo das endet, weiß ich nicht und weiß niemand, falls es überhaupt »irgendwo« endet.

Aber banal wollen wir Menschen ja trotzdem nicht sein.

MILZNER Na ja, bei manchen Verrichtungen vielleicht schon, oder? Ein banaler guter Schlaf wäre mir lieber als ein komplizierter schlechter. Und was den Grundgedanken angeht, dass Menschen sich aufwerten könnten, indem sie ihre Spiritualität ins Feld führen, so würde ich sagen, dass tiefe Religiosität *alle* Lebewesen umfasst. Es ist vollkommen richtig, dass wir Teil des evolutionären Schöpfungsbogens sind, gern auch als Tier unter anderen. Dennoch distanziere ich mich von der Banalisierung spiritueller Erfahrungen. Wenn die Erfahrungen, die ein Leben reich machen, heruntergekocht werden auf bloße physiologische Funktionen, dann empfinde ich das als zu platt.

Aber warum?

MILZNER Weil das doch unserer Erlebniswelt nicht gerecht wird. Liebe beispielsweise fühlt sich je nach Beschreibungsebene verschieden an. Ob man sie als Liebe fühlt oder man sie als einen Ausschuss von Hormonen beschreibt, das ist doch ein Unterschied. Da ist es vielleicht der Hypnotherapeut in mir, der sagen würde, dass es manchmal auch an der Beschreibungsebene liegt, was man und wie man fühlt.

Wir müssen das doch nicht polarisieren und in eine Entweder-oder-Struktur bringen. Beides gilt.

MILZNER Ja, ich glaube auch nicht, dass es die Polarisierung braucht. Deswegen habe ich das Schaltkreismodell ja entwickelt, um eben eine Integration zu ermöglichen. Mein Kampf bezieht sich auf den Reduktionismus. Und für den gibt es in der Biologie eine unheilvolle Tradition. Ich habe in der Verhaltensbiologie noch gelernt, dass man Tieren keine Gefühle zuschreiben darf, weil das eine unzulässige Anthropomorphisierung sei. Auch die Behavioristen waren so drauf, die ersichtliche Qual eines Tiers nannten sie »Anzeichen von Stress«. Es gab immer Leute, die das bekämpft haben, Konrad Lorenz etwa, aber diese Sichtweise hat sich lange gehalten. Und mir scheint, dass immer noch gilt, was damals galt: Wo man ein Erleben *ausschließlich* von der physiologischen Seite her beschreibt, da greift man tendenziell die Erlebnisqualität an.

UTSCH Ich würde gerne beim Selbstwert und bei der Liebe weitermachen. Menschen können betende Säugetiere sein, die etwas verehren, was höher ist als sie selbst. In einer Religion habe ich die Möglichkeit, mich selbst zu relativieren. Das wirkt antinarzisstisch und gemeinschaftsförderlich. Außerdem hilft es mir, meinen Selbstwert zu steigern, weil ich als Christ mich von Gott gefühlt und geliebt weiß. Insofern ist darin eine ungeheure gesundheitsförderliche Perspektive enthalten.

Es gibt genug empirische Studien, die die Bewältigungshilfe des Glaubens übereinstimmend darstellen. Das neue Buch des französischen Neurologen und Hirnforschers Boris Cyrulnik, der ein überzeugter Atheist ist, bringt die Vorzüge religiösen Glaubens und seiner Widerstandskräfte eindrücklich zur Geltung. Übrigens hat das auch Tilmann Moser dazu geführt, dass er sich von seiner »Gottesvergiftung« verabschiedet hat. Er hat ein neues Nachwort und eigentlich sogar ein neues Buch geschrieben, das jetzt »Gott auf der Couch« heißt. Man muss diese empirischen Studien zur Kenntnis nehmen und anerkennen, dass für viele Menschen einfach bestimmte Formen des Glaubens durchaus Copingqualitäten besitzen. Darum plädiere ich ja dafür, diese Bereiche aufmerksamer in die Psychotherapie einzubeziehen, ohne jedoch aus einem Therapeuten einen Priester oder eine Schamanin machen zu wollen.

MILZNER Wie kriegen wir denn jetzt diejenigen mitgedacht, die auch religiös sind, aber nicht Teil einer Gemeinschaft, und die mit sich selbst manchmal ganz schreckliche Dinge anstellen? Zum Beispiel Menschen, die Enukleationen betreiben, die sich Augen ausschaben, weil sie Luther wörtlich nehmen. Oder jene, die ihren Körper als Feind des Geistes erleben? Oder die behaupten: »Ich bin Jesus dreimal begegnet.«

UTSCH Das betrifft ja zum Glück nur einen ganz geringen Prozentsatz von Patienten, die solche wahnhaften Störungen haben.

MILZNER Ja, aber wie erklärt man das vor einem religiösen Hintergrund, wo zieht man die Grenze? Ich frage das als Praktiker, denn so richtig klar ist mir das selbst nicht. Viele von denen, die wir heute als Heilige verehren, könnten ausgeprägte pathologische Züge gehabt haben. Die Hungerdelirien des Franz von Assisi waren gewiss nicht gesund. Katharina von Siena, die in ihren späten Jahren von einer einzigen Hostie am Tag lebte, erschiene uns heute als Anorektikerin. Also, wo ziehen wir die Grenze?

Pauschal ist Religiosität meiner Ansicht nach nicht unbedingt gesund. Manchmal ja. Aber sie kann eben auch ganz anders gelebt werden. Dann ist sie nicht minder religiös, sie ist nur *anders* religiös. Mir scheint, diese Richtung der Therapieforschung, die auf Religiosität als Ressource schielt, macht es sich da zu leicht, indem sie nur auf jene Ebenen guckt, auf denen sich Menschen relativ gesund zeigen. Aber sie guckt nicht so gerne auf die andere Seite.

UTSCH Religionen produzieren einen unglaublichen Reichtum an Bildern und Figuren, die natürlich im wahren Erleben sehr schön aktiviert und benutzt werden können. Die Deutung ist kein reines Religions- oder Glaubensproblem, sondern das ist ein Problem falscher Gehirnverschaltungen. Da muss man in erster Linie medikamentös vorgehen, das würde ich schon sagen. Bei so starken Wahnbildern eines Psychosekranken würde ich nicht inhaltlich über Jesus reden, weil ich annehmen würde, damit nicht weit zu kommen.

MILZNER Oh, das weiß ich nicht ...

Ich will nur einwerfen, dass Sie damit jetzt auch ein ganz bestimmtes Krankheitsverständnis von Psychosen voraussetzen, das meine früheren Gesprächspartner Thomas Bock und Gerhard Dieter Ruf nicht teilen würden.

MILZNER Also, wenn mir heute jemand sagen würde: »Ich bin übrigens Jesus«, dann würde ich antworten, dass ich mich freue, ihn zu treffen, ihm aber auch schon ein paarmal in anderer Person begegnet bin. Einige religiöse Gestalten werden ja öfter als andere zur Identifikation verwendet. Das muss ihre inhaltliche Relevanz aber nicht berühren, es zeigt eher die Strahlkraft der besagten Religionsgründer, Heiligen und Propheten. Gerade in der Psychose ist oft ein religiöser Kern verborgen, wie Dorothea Buck richtig gesagt hat. Manche Störungsbilder transportieren doch etwas, was wir gesellschaftlich gar nicht mehr richtig zulassen und im Alltag eher wegdrängen.

UTSCH Das mag sein.

MILZNER Zu Freuds Zeiten gab es die »Sexualneurosen« vor dem Hintergrund, dass Sexualität gesellschaftlich nicht integriert war. Könnte man heute möglicherweise sagen, religiöser Wahn und esoterische Verirrung thematisieren das verdrängte religiöse Bedürfnis?

UTSCH Das könnte sein.

MILZNER Jedenfalls könnte man sich fragen, ob nicht religiöser Wahn in einem solchen kulturellen System wie unserem eine Seite von Religion thematisiert, die neu reflektiert werden müsste. Christian Scharfetter hat ja mal gesagt, eine gesunde, gute Spiritualität ist eine, die sich selbst achtet, ehrt und den eigenen Körper wertschätzt. Das klingt für uns völlig nachvollziehbar, aber ist es nicht auch ein bisschen »Spiritualität light«? Als ich das damals las, habe ich jedenfalls gedacht, na, da dürfte dann aber so mancher große Heilige rücklings von seinem Sockel fallen. Ob sich religiös tief bewegte Menschen wohl für das interessieren, was Psychiater für spirituell gesund erachten? Ich bezweifle das.

Wie notwendig es wäre, hier auch mit religiösen Gruppen mehr zu diskutieren, zeigt sich in der therapeutischen Praxis. Wenn beispielsweise – ich hatte mit so etwas schon zu tun – jemand ein Berufungserlebnis hatte, Jesus nachfolgen will, Frau und Kind verlässt und für schlimmes Leid unter den Angehörigen sorgt, dürfen wir dann wertend eingreifen? Oder wenn sich jemand aus religiöser Motivation verstümmelt, aber hinterher selbst bei gravierender Medikation noch immer der Überzeugung ist, das sei richtig gewesen, dann sehe ich noch nicht, wie wir so ein Verhalten konstruktiv behandeln können, ohne in religiöse Überzeugungen einzugreifen und damit unsere Grenzen auszudehnen.

UTSCH Das ist meines Erachtens eine Aufgabe der Psychologie und Psychotherapie, nämlich zu schauen, was lebensdienlich ist und was hinein in den Alltag und in die Gemeinschaft mit stabilen Beziehungsnetzen führt. Ein Glaube, der in die Extreme abgleitet, in die Isolation und in bizarre, zugespitzte Denksysteme führt, da wäre ich sehr skeptisch. Der Auftrag eines Psychotherapeuten ist anders als der eines Seelsorgers und fragt danach, was heilungsförderlich ist. Isolation, Gemeinschaftsfeindlichkeit oder Selbstverstümmelung sind natürlich keine Therapieziele!

MILZNER Jedenfalls sind da viele Fragen offen und unbeantwortet, wir in der Community der Psychotherapeutinnen und -therapeuten haben da noch mächtigen Diskussionsbedarf. Was wir nämlich klären müssten, ist, wie viel wollen wir noch an Abweichung zugestehen, was ist noch in Ordnung, ohne dass das Verhalten eine Einweisung oder eine Zwangsmedikation rechtfertigt? Die Beschreibungen von Psychopathologien bei Heiligen sind nicht so selten. Darf das sein? Kann man im weltlichen Sinn krank sein und im religiösen trotzdem gesund?

UTSCH Mir fällt noch von einer anderen Seite etwas zum Thema ein: In Österreich gab es 2014 vom Gesundheitsministerium eine Richtlinie für Psychotherapeuten. Esoterisch-spirituelle Methoden sind dort verboten. Das ist für mich das falsche Signal. Nach meiner Überzeugung sollte und kann man den spirituellen Bereich nicht per Richtlinie verbieten. Gut, da waren Beschwerden von Patienten gekommen, die gesagt haben, sie seien wegen einer Angststörung in Therapie gegangen und der Therapeut habe Engel-Channeling oder irgendwelche astrologischen, esoterischen Praktiken mit ihnen gemacht. Da musste die Aufsichtsbehörde reagieren, zumal es in Österreich einen Dachverband von »Energetikern« gibt, die mit kosmischen Energien Heilungen anbieten. Trotzdem ist Spiritualität auch ein zutiefst menschliches Phänomen, ein Bereich des Lebens, ein Bereich der Persönlichkeit, und da müssen wir auch aus psychotherapeutischer Sicht genauer hinschauen und die Gesprächskultur fördern, um solche Fragen einzubeziehen.

MILZNER Man müsste erst mal fragen, mit welcher Absicht das ein Therapeut gemacht hat. Die strategischen Therapeuten zum Beispiel und auch manche Systemiker vollziehen durchaus Rituale, weil sie sagen, dass das in diesem Kontext hilfreich ist. Aber so mancher religiös-wahnhafte Patient fühlt sich eben bei einem Exorzisten besser aufgehoben als bei uns. Das ist nicht so toll.

> **Engel-Channeling**
>
> Hierunter wird ein Engelsglaube verstanden, mit dem sich die Anhängerinnen und Anhänger mystischen und paranormalen Erlebnissen nähern. Engel übernehmen zudem die Funktion von Orakeln und stellen damit nicht nur einen Kontakt zu Gott her, sondern weisen auch in die persönliche Zukunft.

ZWISCHEN EVIDENZBASIERUNG UND KREATIVER INTUITION

»*Ich verlasse meine Rolle als Psychotherapeut nicht, denn sonst führt das zu einer Rollenkonfusion und ändert sich die therapeutische Beziehung erheblich. Ich kenne aber Kollegen, die während der Therapie auch mit ihren Patienten beten.*«
Michael Utsch

Spirituelle Interventionen?

Wie sieht es mit den Interventionen grundsätzlich aus, wenn Sie auf religiöse Weltbilder treffen? Wie religiös darf eine Intervention sein?

UTSCH Grundsätzlich würde ich erst mal sagen: Schuster bleib bei deinen Leisten. Ich selbst habe mich als Psychotherapeut darauf fokussiert, nur evidenzorientierte Maßnahmen einzusetzen. Das halte ich in der Regel auch durch, selbst wenn ein Patient explizit zu mir sagt: »Herr Utsch, Sie sind doch Christ, können Sie für mich beten?« Dann antworte ich: »Im Behandlungszimmer nicht, denn das ist keine Methode, die ich als Psychotherapeut anwende.« Was ich in meinem privaten Leben mache, als Mensch, das steht ja auf einem anderen Blatt. In meiner Funktion als Psychotherapeut wende ich in der Regel keine solchen Methoden an.

Wobei es mittlerweile schon recht gut überprüfte Studien – zum Beispiel von Juliane Goncalves und Kollegen – gibt, die zeigen, dass unter bestimmten Bedingungen auch religiöse, spirituelle Interventionen, vor allen Dingen bei hochreligiösen Patienten, angewendet werden können. Sie sind hilfreich. In den USA gibt es gerade ein spannendes Forschungsprojekt zur »faith adopted psychotherapy«. Dort existieren etliche glaubensbasiert erweiterte Manuale, mit denen man verhaltenstherapeutisch, analytisch, systemisch, auch hypnotherapeutisch gut mit gläubigen Klienten arbeiten kann. In dieser Outcome-Studie werden weltweit Behandlungen von gläubigen Therapeuten verschiedener Religionen evaluiert, die religiöse oder spirituelle Interventionen mit einbeziehen. Das ist bei P. Scott Richards und Kollegen nachzulesen. In Deutschland sind wir sicher noch nicht so weit, ich kann mir aber gut vorstellen, dass das in zehn Jahren anders aussieht.

Können wir das mal kurz durchspielen. Ich bin der Klient und sage zu Ihnen: »Sie beten nicht für mich, dann verweigern Sie mir eine für mich ganz wichtige Hilfestellung.«

UTSCH »Ja, das sehe ich auch so, der Glaube hat eine hohe Wirkkraft. Aber Sie kommen zu mir als Psychologen, und ich möchte Ihnen gerne von meinem Wissen als Psychotherapeut etwas vermitteln und von meiner therapeutischen Erfahrung und Haltung. Ich empfehle Ihnen, dass Sie spirituellen Beistand zusätzlich in Anspruch nehmen. Sind Sie Teil einer Glaubensgemeinschaft, kennen Sie eine Seelsorgerin oder einen Seelsorger? Wenn nicht, kann ich Ihnen gerne jemanden nennen. Meine Rolle als Therapeut ändert sich sonst zu sehr und unsere Beziehung verändert sich, wenn wir jetzt gemeinsam beten. Das möchte ich nicht.« Ich würde das also relativ klar sagen.

Im »British Journal of Psychiatry« haben die zwei Psychiater Rob Poole und Christopher Cook 2011 eine richtige Kontroverse geführt: Darf man im Behandlungszimmer beten? Es gibt durchaus Kollegen, die sagen: »Natürlich, wenn das bisher eine Ressource für den Patienten war, warum soll ich nicht auch diese Ressource nutzen?« Ich persönlich würde antworten: »Ich verlasse meine Rolle als Psychotherapeut nicht, denn sonst führt das zu einer Rollenkonfusion und ändert sich die therapeutische Beziehung erheblich.« Ich kenne aber Kollegen, die während der Therapie auch mit ihren Klienten beten.

MILZNER Könnten Sie sich vorstellen, zu sagen: »Als Therapeut nicht, da habe ich andere Methoden, aber als Mensch mache ich das heute Abend zu Hause?«

UTSCH Genau, das habe ich sogar schon manchmal gesagt.

MILZNER Oder man sagt vielleicht: »Meine therapeutische Aufgabe ist natürlich eine andere und ich werde erst mal versuchen, Ihnen damit zu helfen. Aber eine Kerze zünde ich für Sie trotzdem gerne an.«

Utsch Genau. Oder ich sage: »Wenn ich morgens auf meinen Kalender gucke, dann denke ich an Sie.«

Milzner Ich finde auch, dass man das machen kann. Es gibt schon Menschen, bei denen wirkt das auf eine konstruktive Weise, wenn der Therapeut auch noch Mensch ist, der etwas für sie tut, was er nicht machen *muss,* was nicht zu seiner professionellen Rolle gehört. Wenn das so etwas sein sollte, dann könnte ich mir vorstellen, dass das erstens sehr segensreich ist und zweitens auf der mitmenschlichen Ebene auch nicht allzu schwierig. Es würde viel zum Beziehungsaufbau beitragen.

Herr Milzner, bei Ihnen habe ich vorhin ein deutliches Zucken gesehen, als die Evidenzbasierung angesprochen war.

Milzner Ja, stimmt. Auch da werde ich hinsichtlich der Arbeit mit spirituellen und religiösen Themen in der Therapie immer etwas unruhig. Es ist selbstverständlich berufsrechtlich so, dass wir uns daran orientieren sollten, was es an Wirksamkeitsbelegen gibt. Nur kann man das nicht jedes Mal oder bei jedem Detail tun, zumal es Fälle oder Situationen gibt, da verfügen wir gar nicht über evidenzbasierte Studien, auf die wir uns berufen könnten. Wissenschaftlich fundierte Behandlungsansätze für einen speziellen religiösen Wahn oder ein spirituelles Ausnahmeerlebnis haben wir nicht. Geschweige denn sichere Kriterien, nach denen sich spirituelle Krisen von mentalen Störungsbildern unterscheiden ließen. Hier ist dann vielleicht weniger der wissenschaftliche Wirksamkeitsbeleg entscheidend als die Behandlererfahrung, die ja nach Carl Rogers die entscheidende Autorität ist.

Nehmen wir mal das Beispiel Rituale und nehmen wir mal an, ich habe jemanden, der sich von Geistern verfolgt fühlt und nicht weiß, ob nicht jetzt gerade im Therapieraum sich diese aufhalten, die Geister, die ihn verfolgen.

Ich könnte sagen: »Hm, dieser Raum hier ist eigentlich ziemlich frei von Geistern, hier kommen die nicht rein.«

Der Patient darauf: »Wie machen Sie das?«

»Das ist ganz einfach, ich räuchere immer mit etwas Salbei, das mögen die nicht.«

Der Patient würde nun vielleicht anschließend zu Hause nachsehen und in Büchern über alte hexenkultische Rituale finden, dass die Ausführungen zur Volksmedizin ein solches Ausräuchern tatsächlich beschreiben.

Er sagt sich nun, ah ja, mit Salbei räuchern, das gab es früher tatsächlich mal. Er kommt das nächste Mal wieder und fragt: »Woher wissen Sie das eigentlich?«

»Na ja, ich habe mich ein bisschen kundig gemacht.«

»Oh«, sagt der Patient, »das mache ich jetzt auch, dann kommen die bei mir auch nicht mehr in die Wohnung.«

Therapeutisch hätte man mit einer solchen Intervention etwas Gutes bewirkt. Was man da aber gemacht hat, ist von der Methodik her zunächst rational nicht begründbar, auch wenn man es später auf eine Ebene heben könnte, auf der man es rational begründen kann. Die systemische Therapie kennt ja den Ansatz: Handle so, dass die Menge der Möglichkeiten wächst. Das wäre hier gegeben, obwohl es dazu keinen geprüften Beleg gibt.

In der Hypnotherapie habe ich für mentale Ausnahmezustände das Konzept der »assoziativen Trance« entwickelt und veröffentlicht, eine mentale Haltung, mit der man ins System des Patienten einsteigt, um es konstruktiv zu verändern.

Noch einmal ein Beispiel: Ein Patient kommt in unsere Praxis und erklärt, ihn jage seit einem okkulten Experiment ein bösartiger Dämon. Wenn der Therapeut sich mit so etwas auskennt, könnte er sagen: »Gut, wir machen jetzt eine Wette, denn ich bin mit außergewöhnlichen Zuständen ein bisschen erfahren. Wenn dieser Dämon Mut hat, dann sagen Sie ihm, er solle heute Nacht mal zu mir kommen. Falls er das in der nächsten Nacht nicht macht, wissen wir, der hat keinen Mumm, vor dem müssen Sie keine Angst mehr haben.« Das wäre eine Vorgehensweise ähnlich der, die ursprünglich Milton Erickson und später Leute wie Leslie Cameron-Bandler in der strategischen Hypnotherapie und im Neurolinguistischen Programmieren praktizierten. Ich habe das jetzt etwas pointiert erzählt, es ist natürlich alles etwas komplizierter. Aber evidenzbasiert kann es kaum sein, weil es etwas ist, was strategisch erst im Einzelfall entwickelt werden kann und dann natürlich sorgfältig beobachtet werden muss.

UTSCH Wir dürfen nicht vergessen, dass jede therapeutische Behandlung einzigartig ist, wo sich zwei unverwechselbare Menschen mit ihren Geschichten, Erfahrungen, Sichtweisen und Weltkonstruktionen begegnen und aufeinander einlassen. Von daher mache ich schon einen Unterschied zwischen Theorie und Praxis. Für die Theorie gibt es Richtlinien, die in der Regel hilfreich sind. Aber das Leben folgt eben nicht immer den bekannten Regeln, es gibt so viele Ausnahmen! Insofern bin ich dankbar für evidenzbasierte Empfehlungen. Im Einzelfall sind jedoch Ausnahmen immer möglich!

Zur Reintegration spiritueller Vorstellungen in die Psychotherapie

Herr Professor Utsch, zunächst an Sie die Frage: Ist ein religiöser Therapeut grundsätzlich besser für den Beruf des Psychotherapeuten geeignet als ein atheistischer?

UTSCH Nein, warum sollte er? Für eine Therapeutentätigkeit ist ein Mensch geeignet, der auch seine weltanschaulichen Grundlagen wahrnehmen, reflektieren und darüber sprechen kann. Ich mache da keinen Unterschied zwischen säkularen, religiösen oder spirituellen Menschen. Aber Therapeutinnen und Therapeuten sollten um ihre Brille wissen und sie ab und zu mal putzen, denn sie beschlägt manchmal und trübt den Blick.
MILZNER Gut gesagt! Dem habe ich nichts hinzuzufügen.

Ich frage mich, ob sich der Psychotherapie eigentlich wirklich in unserer heutigen Zeit immer noch Religionsfeindlichkeit vorwerfen lässt. Haben wir nicht längst einen völlig gegenseitigen Trend? Insgesamt sehe ich eher eine Art Durchdringung der Psychotherapie mit spirituellen Verfahren und Interventionen. Existiert da denn noch ein Gegensatz?

UTSCH Nein, einen Gegensatz sehe ich auch nicht.
MILZNER Ich würde sagen, dass die Psychotherapie in vielerlei Hinsicht noch etwas religionsdiffus ist, sie weiß nicht so richtig, was sie mit dem Thema anfangen soll, sodass es in psychotherapeutische Zusammenhänge noch nicht richtig integriert werden konnte. Wir sprachen schon darüber, wieso das so sein könnte. Dass die bloße Integration von Techniken, die aus einem religiösen Umfeld entnommen wurden, noch keine inhaltliche Auseinandersetzung ausmacht, scheint mir klar zu sein.

UTSCH Man kann historisch daran erinnern, dass es seit den wilden Achtundsechzigern einen gesellschaftlichen Umschwung gab, wonach auch Spiritualität wieder ein gesellschaftlicher Bestandteil wurde. Gleichzeitig machen uns zivilreligiöse Konflikte schwer zu schaffen: Kopftuchstreit, das Kreuz in Bayerns Amtsstuben und Schulen, Muezzinrufe anstelle Kirchengeläut und vieles mehr. Wer kann Konflikte besser übersetzen und vermitteln als Psychologen? Während die Psychoanalyse die Macht der Sexualität salon- und sprachfähig machte, hinkt sie jetzt der postmodernen Sehnsucht nach Spiritualität hinterher. Bis das in religionssensiblen Weiterbildungen und Behandlungen ankommt, dauert es eben noch eine Weile. Aber es ist natürlich schon erstaunlich, wenn man sich zum Beispiel die neueren psychoanalytischen Veröffentlichungen anschaut, wie spiritualitätsoffen die sind. Der gute Freud würde sich ja im Grabe rumdrehen, wenn der das erleben könnte, was ein Wolfgang Mertens oder Otto F. Kernberg oder eine Julia Kristeva als überzeugte Atheistin schreiben, zum Beispiel über das urmenschliche Bedürfnis, *zu glauben.*

Jeder Mensch hat ein Bedürfnis, Vertrauen und Hoffnung zu entwickeln. Da findet durchaus ein großes Umdenken statt, es muss allerdings noch stärker in die Ausbildung und in die Behandlung integriert werden.

MILZNER Bei Julia Kristeva gehe ich mit, aber ich würde doch sagen, dass die Abwehr des Themas bei vielen Vertretern der unterschiedlichen Schulen noch sehr groß ist, auch bei den Analytikern. Es gibt zum Beispiel Studien etwa von Annelore Werthmann, die die Visionen der Hildegard von Bingen als narzisstisches Phänomen betrachten. Aus denen ist bei allem Respekt für die in anderen Zeiten lebende Frau immer noch der alte analytische Überlegenheitsgestus herauszulesen. Da sind die transpersonalen Ansätze viel weiter, aber ihnen fehlt gerade im psychiatrischen Kontext jede Rückendeckung. Die Integration auch bizarrer Bereiche des spirituellen und religiösen Erlebens würde ja zum Beispiel eine ganz andere Vorsicht mit Diagnosen erfordern. Von der ist im Moment aber wenig zu spüren, die zunehmende Medikalisierung unseres Berufs hat ja eher eine deutlich forcierte Diagnosebereitschaft bewirkt.

Schließt sich das denn aus? Kratzt das so sehr an einer historischen Person?

MILZNER Ja, natürlich kratzt das an einer Person, wenn man ihr eine Diagnose stellt, ohne doch ihr spirituelles Erleben als gültig und wahrhaftig anzusehen. Wenn Leute wie Andrew Newberg als Neurotheologen sagen, bei einem Gebet oder einer Meditation geschieht das und das, ob es wirklich göttlichen Ursprungs ist, kann man nicht sagen, dann geschieht dies mit der gebotenen Bescheidenheit. Die vermisse ich oftmals noch unter Analytikern und Therapeuten, wo man sich mit der klinischen Deutungshoheit ein bisschen künstlich dumm macht gegenüber spirituellen Bewegungen.

UTSCH Es gibt in neopsychoanalytischen Richtungen wie der Objektbeziehungstheorie oder in der Bindungsforschung durchaus ganz hilfreiche Anknüpfungspunkte, wie religiöses oder spirituelles Erleben psychodynamisch verstanden werden kann.

MILZNER Nicht nur regressiv.

UTSCH Nein, genau, eben nicht. In München existiert beispielsweise seit mehreren Jahren ein Arbeitskreis »Religion und Psychoanalyse« in der Deutschen Psychoanalytischen Gesellschaft, der jährliche Symposien veranstaltet. Da ist ein echtes Bemühen erkennbar. Viele Analytiker beschäftigen sich intensiv mit Glauben und Weltanschauung. Auch Vertreter aus der Achtsamkeitsarbeit, der sogenannten dritten Welle, sind dabei. Es wird dort sichtbar, dass wir über die Freud'sche Engführung und sein Verhaftetsein im Positivismus hinausgewachsen sind. Aber es muss noch verbindlicher in den Weiterbildungen der Ausbildungsinstitute und Fachgruppen verankert werden.

Würden Sie beide sagen, sich die Spiritualität wieder anzueignen würde der Psychotherapie auch deshalb guttun, weil sie dem menschlichen Dasein eine gewisse Tiefe gibt?

Milzner Nein, da sträube ich mich, zuzustimmen. Ich würde eher formulieren, dass es sich beim Glauben einfach um eine menschliche Grundkonstante handelt. Dieses religiöse oder spirituelle Bedürfnis gibt es nun mal bei Menschen immer wieder, es ist einfach da und vorhanden. Und weil es da ist und weil es zu der menschlichen Grundverfassung gehört, tut Psychotherapie nichts Gutes, wenn sie das ignoriert. Ich erinnere noch mal an meinen Vergleich, dass es sonst so ist wie mit der alten Seelsorge, die sich nicht um die Sexualität gekümmert hatte.

Utsch Die Weltgesundheitsorganisation hat das schon seit vielen Jahren ganz pragmatisch definiert: Jeder Mensch ist spirituell, weil er sich angesichts der Endlichkeit seines Lebens existenziellen Fragen stellen muss und Erfahrungen im Umgang damit macht. Das heißt: Wenn ich mir klarmache, dass das Ende meines Lebens normalerweise nicht in meiner Hand liegt, bewirkt das etwas und ruft Emotionen hervor und bringt mich dazu, mir eine Sinndeutung zu überlegen. Diese Erfahrung, diese Reflexion nennt die Weltgesundheitsorganisation dann »Spiritualität«. Somit ist jeder Mensch spirituell und hat jeder spirituelle Bedürfnisse. Insofern handelt es sich um einen urmenschlichen Bereich und somit auch um einen legitimen Bereich der Psychotherapie.

Egal, ob wir nun in der Tiefe suchen oder in der Höhe, offenbar suchen wir immer etwas außerhalb von uns. Wir tun uns schwer damit, uns selbst als Menschen genug zu sein.

Utsch Menschsein heißt, begrenzt zu sein, der Mensch ist ein Mängelwesen. Immer schon ist er bestrebt, diese Grenze zu erweitern. Der Glaube bietet dazu spannende Möglichkeiten!

MILZNER Aristoteles hat den Menschen als »Zoon politikon« bezeichnet, als soziales und politisches Wesen. Als Therapeut würde ich sagen: Menschen sind fragende Tiere. Kein anderes Säugetier ist so sehr an seiner eigenen Herkunft interessiert wie wir. Kein anderes will wissen, wohin die Reise letztendlich führt. An der Basis alles Religiösen steht deshalb ein Unsicherheitserlebnis. Hinzu kommt, dass wir ahnen, dass es nicht nur die sichtbare Welt gibt. Ob dieses Ahnen einen realen Bodensatz hat oder ob es eher eine Tendenz zur Spinnerei ist, können wir offenlassen. Fest aber steht, dass überall auf der Welt Annahmen existieren, dass wir die Welt nicht nur mit den Pflanzen, Tieren, Pilzen und Mineralien teilen, sondern noch mit irgendetwas, was eben *auch* da ist. Wie sollten wir uns da genug sein können, wo sich so viel ahnen, spüren und erfragen lässt?

Und wenn nun ein Atheist sagt, am Ende seien wir alle nichts als eine Handvoll Humus – ist das für Sie auch noch etwas Spirituelles?

UTSCH Ja, weil das eben eine säkulare Deutung der Endlichkeit ist. Trotzdem hat dieser Mensch Jahre und Jahrzehnte zur Verfügung, um Werte zu verwirklichen und um zu schauen, was ihm wichtig ist im Leben. Ihn dabei zu begleiten, die richtigen Werte für sich herauszufinden, das ist auch ein Teil spiritueller Begleitung.

Dann gibt es natürlich keine Haltung zum Leben, die außerhalb der spirituellen Konstruktionen liegt. Das wiederum hieße, kein Mensch könnte die spirituelle Deutung hintergehen.

MILZNER Ich finde den Mann mit dem Humus erst mal gar nicht so atheistisch. Die damit verbundene Haltung hängt ja davon ab, wie man sie formuliert. Wenn jemand sagt, er gehöre in diesen großen Kreislauf, dann, finde ich, hat das durchaus eine andächtige Note. Es ist keine an einem Gott orientierte, aber doch eine andächtige. Das finde ich eigentlich wunderschön. Spiritualität ist etwas, was sich mit dem Sein und seiner Einbettung beschäftigt.

UTSCH Es gibt sogar in der Naturphilosophie Ansätze, die sagen, Materie sei spirituell, weil sie ein bestimmtes Ziel verfolge. Da lässt sich fragen, was das für eine Spiritualität ist. Ich spüre in Ihrer Frage einen Gegensatz zwischen Atheismus und Spiritualität, aber den finde ich nicht. Das sind fließende Grenzen. Dieser kämpferische Atheismus, den gibt es noch, aber der ist auf dem Rückmarsch. Das passt auch besser, glaube ich, in eine Zeit, in der die Menschen zunehmend besser in der Lage sind, miteinander zu reden, in einen Austausch gehen und zu sagen, wir sind Menschen, wir wollen gemeinschaftlich ein gutes Leben führen und für dieses Menschheitsziel unser aller Ressourcen und Kompetenzen einbringen. Da gibt es säkulare Werte, die eine Rolle spielen, da gibt es humanistische, religiöse und spirituelle Ideale und so weiter – und als Gemeinschaft schaffen wir das.

MILZNER Ja, man würde dann das Begriffspaar so gegenüberstellen, dass man sagt, es gibt durchaus spirituelle Atheisten ebenso wie es sehr unspirituelle religiös Organisierte gibt. Fundamentalisten sind ja nicht wirklich spirituell, wie der amerikanische Psychologe Robert Jay Lifton zeigt. Lifton hat das Modell eines »proteischen Selbst« entwickelt. Darunter versteht er ein Selbst, das seine Gestalt wandeln kann wie der antike Flussgott Proteus, um sich in einer immer neuen, immer anderen Welt halten und entwickeln zu können.

Nach Liftons Überzeugung stellt der Fundamentalismus einen letztlich verzweifelten Versuch dar, in einer zersplitterten Welt, die von uns fortwährende Wandlungsfähigkeit verlangt, noch irgendetwas festzumachen. Wo alles sich auflöst und verteilt, da versucht der Fundamentalismus festzunageln, was er zu fassen bekommt. Dabei verliert er jedoch das, wovon er ausging: Er wird letzten Endes areligiös.

Utsch Ich greife noch mal auf Jürgen Straub zurück, der sagt, dass jene Menschen, die ihr Weltbild nicht reflektieren und in ihre Identität integrieren, »totalitär« seien. Das ist die Aufgabe, an der wir alle arbeiten müssen und wozu auch die Psychotherapie beitragen kann, eben genau unser Weltbild stetig neu zu reflektieren.

Schon wäre wieder die Frage, wer da beurteilt, ob ich hinreichend reflektiert habe. Das klingt nach einem sehr intellektuellen Anspruch und gerät schnell in die Gefahr, zu einem Totschlagargument zu werden: Wer nicht meiner Meinung ist, ist nicht reflektiert genug …

Utsch Nach wie vor unterscheidet uns Vernunft und Weisheit vom Schimpansen. Wenn genug zu essen da ist, können wir uns über die Sinnmöglichkeiten im Leben austauschen.

Milzner Mitmenschlichkeit braucht keine Intellektualität, sondern Empathie und Respekt. Alle sind wir auf Toleranz angewiesen, und auch die muss man kaum intellektuell begründen. Man muss sich nicht durchreflektiert haben, um einander zu achten.

Eigentlich sind wir auf dem Wege einer höheren Toleranz, die dann hinführt zum besseren Miteinanderreden: Sehen Sie uns auf diesem Weg oder kultivieren wir immer noch viel zu viel Konkurrenzdenken?

Utsch Ich bin grundsätzlich eher optimistisch gestimmt, das liegt an meinem Naturell. Entsprechend sehe ich schon sehr viele Türöffner und auch Möglichkeiten, dass wir uns aufeinander zubewegen. Psychotherapie, wenn sie gelingt, trägt ja auch dazu bei, dass ich intuitiver werde, dass ich vom Kopf wegkomme und stärker zur emotionalen Wahrnehmung finde. Wenn ich diesen Weg gehe und genau hinschaue, wird sich automatisch eine Tür öffnen zum Spirituellen und zur Wahrnehmung, dass ich nicht allein bin, sondern bezogen auf ein Größeres lebe. Man kann das schön bei Menschen beobachten, die etwa Yoga zunächst zur Körperentspannung üben, dann aber früher oder später bei spirituellen Fragen landen. Über die aufmerksame Atmung komme ich zu den wirklich wichtigen Fragen des Daseins.

Ich bin also optimistisch, dass in den nächsten Jahren noch weitere Öffnungen geschehen werden, dass auch durch gute Ausbildung und gelungene Behandlungen religiöse, spirituelle Werte helfen, unsere Gesellschaft menschlicher zu machen, der Konkurrenzkampf und das Schneller-Höher-Weiter und die sogenannte Selbstoptimierung etwas runtergefahren werden und wir uns wieder als Menschen besser begegnen können.

MILZNER Insgesamt sehe ich uns auch eher auf so einem »integralen Weg«, wie Ken Wilber das wahrscheinlich ausdrücken würde. Es gelingt uns eigentlich immer besser, das jeweils Andere aufzunehmen, so wie es inzwischen bei Christen kein Problem mehr ist, auch Yoga zu betreiben. So, würde ich sagen, könnten sich alle Gemeinschaften öffnen gegenüber dem, was die anderen zu sagen haben und wie sie denken und die Welt sehen – aber das tun ja viele auch längst.

Ich übersehe aber auch nicht, dass es nach wie vor viel zu viele Kämpfe und furchtbare Konkurrenzen gibt, die allerdings, glaube ich, nicht wirklich spirituell oder religiös fundamentiert sind, sondern meistens narzisstische Ursachen haben oder auf ganz handfesten Begehrlichkeiten fußen. Da gibt es unfassbar viel zu tun, und ich fürchte, das wird noch eine Weile so bleiben.

Im Augenblick habe ich den Eindruck, dass die archaische und die tierhafte Seite unseres Menschseins etwas mehr Anerkennung brauchen. Manche Entwicklungen in Hinsicht auf Toleranz und religiöses Miteinander sind so schnell gegangen, dass dabei die emotionalen Verwurzelungen ins Hintertreffen gerieten. Hier braucht man eine gewisse Nachsicht mit unserer menschlichen Begrenztheit. Das Tier in uns möchte ebenso wie das innere Kind immer sicher sein, dass ihm Toleranz nicht zum Nachteil gereicht.

Letzte Frage an Sie beide: Was ist für Sie Weisheit?

U‍TSCH Aufgeklärte Spiritualität. Also, ich schätze sehr unser aufgeklärtes Wissen der westlichen Schulbildung. Die kann und muss aber ergänzt werden durch eine religiöse oder spirituelle Übungspraxis und durch andere Zugänge zur Wirklichkeit. Weisheit ist ein Wissensgut gelingender Lebensführung, die ich persönlich aus dem Christentum schöpfe. Da gibt es einen reichhaltigen Erfahrungsschatz kontemplativer Übungsmethoden und weisheitlichen Wissens, den ich gut mit meiner aufgeklärten Vernunft verbinden kann. Die Kombination zwischen rationalem Wissen und kontemplativer christlicher Spiritualität ist für mich der Inbegriff von Weisheit.

M‍ILZNER Es gibt dieses schöne Brecht-Zitat aus »An die Nachgeborenen«, in dem er sagt: »Ich wäre gerne auch weise. In den alten Büchern steht, was weise ist.« Dann kommen zwei, drei Beispiele, die er nennt, furchtlos sein, sich aus den Händeln der Welt heraushalten, auf Böses mit Gutem reagieren. Danach folgt dann der Satz: »Alles das kann ich nicht.« Das gefällt mir, es ist so offen.

Ich selbst lebe ganz gut mit der Idee, dass Weisheit vor allem darin besteht, die wirklich wichtigen Dinge von den nur vordergründig wichtigen Dingen unterscheiden zu können.

U‍TSCH Das ist schön praktisch ausgedrückt.

Ausgewählte Literatur

Appadurai, A. (2009). Die Geographie des Zorns. Frankfurt a. M.: Suhrkamp.
Atran, S. (2010). Talking to the enemy. London: Allen Lane.
Baatz, U. (2017). Spiritualität, Religion, Weltanschauung. Landkarten für systemisches Arbeiten. Göttingen: Vandenhoeck & Ruprecht.
Baigent, M. (2009). Racing toward Armageddon. The three great religions and the plot to end the world. New York: Harper Collins.
Bergmann, J. (2015). Der Tanz ums Ich. Risiken und Nebenwirkungen der Psychologie. München: Pantheon.
Bertelsmanns Stiftung (2014). Religionsmonitor 2013: verstehen was verbindet. Religion und Zusammenhalt in Deutschland. Die wichtigsten Ergebnisse im Überblick. Zugriff am 13.12.2018 unter https://www.bertelsmann-stiftung.de/fileadmin/files/BSt/Publikationen/GrauePublikationen/Studie_Religionsmonitor_2013.pdf
Binet-Sanglé, C. (1908). La Folie de Jesus. Paris: Maloine.
Boadella, D. (2009). Befreite Lebensenergie. Einführung in die Biosynthese. Darmstadt: Schirner.
Bock, T., Ruf, G. D. (2018). Eine Frage der Haltung: Psychosen verstehen und psychotherapeutisch behandeln. Thomas Bock und Gerhard Dieter Ruf im Gespräch im Gespräch mit Uwe Britten. Göttingen: Vandenhoeck & Ruprecht.
Bohr, N. (1985). Atomphysik und menschliche Erkenntnis. Aufsätze und Vorträge aus den Jahren 1930 bis 1961. Wiesbaden: Vieweg & Teubner.
Brentrup, M., Kupitz, G. (2015). Rituale und Spiritualität in der Psychotherapie. Göttingen: Vandenhoeck & Ruprecht.
Bucher, A. A. (2007). Psychologie der Spiritualität. Handbuch. Weinheim: Beltz.
Buck, D. S. (2003). Zum religiösen Erleben in der Psychose. Suggestionen, 1, 78–85.
Buck-Zerchin, D. S. (1990/2014). Auf der Spur des Morgensterns. Psychose als Selbstfindung: ein Erlebnisbericht. Neumünster: Paranus.
Ciupka-Schön, B., Becks, H. (2018). Himmel und Hölle. Religiöse Zwänge erkennen und behandeln. Ostfildern: Patmos.
Cyrulnik, B. (2018). Glauben. Psychologie und Hirnforschung entschlüsseln, wie Spiritualität uns stärkt. Weinheim: Beltz.
Dawkins, R. (2007). Der Gotteswahn (2. Aufl.). Berlin: Ullstein.
Detel, W. (2018). Warum wir nichts über Gott wissen können. Ein Beitrag zum religiösen Agnostizismus. Hamburg: Meiner Verlag.
Dürckheim, K. Graf (1990). Erlebnis und Wandlung: Grundfragen der Selbstfindung. München: Barth.
Dürckheim, K. Graf (2001). Der Ruf nach dem Meister: Die Bedeutung geistiger Führung auf dem Weg zum Selbst. München: Barth.

Enright, R. (2006). Vergebung als Chance: Neuen Mut fürs Leben finden. Bern: Huber.
Fahrenberg, J. (2003/2017). Annahmen über den Menschen. Menschenbilder aus psychologischer, biologischer, religiöser und interkultureller Sicht (5. Aufl.). Heidelberg: Asanger.
Frankl, V. E. (2007). Ärztliche Seelsorge. Grundlagen der Logotherapie und Existenzanalyse. München: dtv.
Freund, H., Böhringer, S., Utsch, M., Hauth, I. (2018). Religiosität und Spiritualität in der Facharztweiterbildung. Eine Umfrage bei den Weiterbildungsermächtigten für Psychiatrie und Psychotherapie. Der Nervenarzt, 89 (5), 539–545.
Freund, H., Gross, W. (2016). Sinnfragen und Religiosität/Spiritualität in der Psychotherapeutenausbildung. Eine Umfrage an den Ausbildungsinstituten für Psychotherapeutinnen und Psychotherapeuten in Deutschland. Psychotherapeutenjournal, 15 (2), 133–139.
Frick, E., Stotz-Ingenlath, G., Ohls, I., Utsch, M. (Hrsg.) (2018). Fallbuch Spiritualität in Psychotherapie und Psychiatrie. Göttingen: Vandenhoeck & Ruprecht.
Fromm, E. (1979). Psychoanalyse und Religion. München: Goldmann.
Fromm, E., Martino, R. de, Suzuki, D. T. (1972). Zen-Buddhismus und Psychoanalyse. Frankfurt a. M.: Suhrkamp.
Gebhardt, M. (2002). Sünde, Seele, Sex. Das Jahrhundert der Psychologie. München: dtv.
Geus, A. (2011). Die Krankheit des Propheten. Ein pathographischer Essay. Marburg: Basilisken Presse.
Gheorghiu, V. (1999). Reflexionen zu Suggestion, Suggestibilität und Suggestionalität. Suggestionen, 2, 10–12.
Gheorghiu, V. (2000). Die Domäne der Suggestionalität: Versuch der Konzeptualisierung suggestionaler Phänomene. Experimentelle und klinische Hypnose, 16, 1, 55–92.
Girard, R. (2011). Das Heilige und die Gewalt. Ostfildern: Patmos.
Goncalves, J. P., Lucchetti, G., Menezes, P. R., Vallada, H. (2015). Religious and spiritual interventions in mental health care: A systematic review and meta-analysis of randomized controlled clinical trials. Psychological Medicine, 45, 2937–2949.
Grof, C., Grof, S. (1991). Die stürmische Suche nach dem Selbst. Praktische Hilfe für spirituelle Krisen. München: Kösel.
Grof, S. (2008). Impossible – Wenn Unglaubliches passiert. Das Abenteuer außergewöhnlicher Bewusstseinserfahrungen. München: Kösel.
Handrock, A., Baumann, M. (2017). Vergeben und Loslassen in Psychotherapie und Coaching. Weinheim: Beltz.
Harris, S. (2007). Das Ende des Glaubens. Religion, Terror und das Licht der Vernunft. Winterthur: Spuren.

Heinz, A., Roth, G. (2017). Das Gehirn selbst nimmt sich nicht wahr: Hirnforschung und Psychotherapie. Andreas Heinz und Gerhard Roth im Gespräch mit Uwe Britten. Göttingen: Vandenhoeck & Ruprecht.

Hippius, M. (Hrsg.) (1966). Transzendenz als Erfahrung. Beiträge und Widerhall. Festschrift zum 70. Geburtstag von Graf Dürckheim. Weilheim/Obb.: O. W. Barth.

Huber, S., Klein, C. (2011). Spirituelle und religiöse Konstrukträume. In A. Büssing, N. Kohls (Hrsg.), Spiritualität transdisziplinär. Wissenschaftliche Grundlagen im Zusammenhang mit Gesundheit und Krankheit (S. 53–66). Berlin u. Heidelberg: Springer.

Hüther, G. (2016). Raus aus der Demenz-Falle! Wie es gelingen kann, die Selbstheilungskräfte des Gehirns rechtzeitig zu aktivieren. München:Arkana.

Huxley, A. (1987). Die ewige Philosophie = Philosophia perennis. München u. Zürich: Piper.

Joseph, R. (2001). The transmitter to God. The limbic system, the soul, and spirituality. San José: University Press California.

Kabat-Zinn, J. (2013). Gesund durch Meditation. Das große Buch der Selbstheilung mit MBSR. München: Knaur.

Kaiser, P. (2007). Religion in der Psychiatrie. Eine (un-)bewusste Verdrängung? Göttingen: V&R unipress.

Kernberg, O. F. (2014). Psychologie des religiösen Erlebens. In ders., Liebe und Aggression. Eine unzertrennliche Beziehung (S. 313–349). Stuttgart: Schattauer.

Kristeva, J. (2014). Dieses unglaubliche Bedürfnis zu glauben. Gießen: Psychosozial-Verlag.

Kühn, R., Schlimme, J. E., Witte, K.-H. (Hrsg.) (2010). psycho-logik. Religion und Modernität (Jahrbuch für Psychotherapie, Philosophie und Kultur, Bd. 5). Freiburg i. Br. u. München: Alber.

Lammers, M., Ohls, I. (2017). Mit Schuld, Scham und Methode. Ein Selbsthilfebuch. Köln: BALANCE buch + medien verlag.

Lifton, R. J. (1993). The protean self. Human resilience in an age of fragmentation. New York: BasicBooks.

Lütkehaus, L. (2012). Kindheitsvergiftung. Aschaffenburg: Alibri.

Maslow, A. (1977). Motivation und Persönlichkeit. Olten: Walter.

Mertens, W. (2014). Für ein neues psychoanalytisches Verständnis von Spiritualität. In ders., Psychoanalyse im 21. Jahrhundert. Eine Standortbestimmung (S. 180–206). Stuttgart: Kohlhammer.

Milzner, G. (1999). Schmerz und Trance. Hypnose und Hypnotherapie bei Schmerzsyndromen. 2 Bde. Heidelberg: Carl-Auer.

Milzner, G. (2001). Die Poesie der Psychosen. Zur Hypnotherapie des Verrücktseins. Bonn: Psychiatrie Verlag.

Milzner, G. (2010). Jenseits des Wahnsinns. Psychose als Ausnahmezustand: Perspektiven für eine andere Psychiatrie. Würzburg: Königshausen & Neumann.

Milzner, G. (2013). Religion und Gehirn. Die Integration von Hirnforschung und religiöser Erfahrung. Petersberg: Via Nova.
Milzner, G. (2017). Wir sind überall, nur nicht bei uns. Leben im Zeitalter des Selbstverlusts. Weinheim: Beltz.
Mönter, N., Heinz, A., Utsch, M. (Hrsg.) (2019). Religionssensible Psychotherapie. Basiswissen und Praxis-Erfahrungen. Stuttgart: Kohlhammer.
Moser, T. (1976). Gottesvergiftung. Frankfurt a. M.: Suhrkamp.
Moser, T. (2011). Gott auf der Couch. Neues zum Verhältnis von Psychoanalyse und Religion. Gütersloh: Gütersloher Verlagshaus.
Murken, S. (2010). Schmerz und Glaube. Zur schmerzregulierenden Bedeutung mentaler Prozesse. Der Schmerz, 24, 439–440.
Newberg, A., d'Aquilim, E., Rause, V. (2003). Der gedachte Gott. Wie Glaube im Gehirn entsteht. München: Piper.
Noyon, A., Heidenreich, T. (2012). Existenzielle Perspektiven in Psychotherapie und Beratung. Weinheim: Beltz.
Pauen, M., Roth, G. (2008). Freiheit, Schuld und Verantwortung. Grundzüge einer naturalistischen Theorie der Willensfreiheit. Frankfurt a. M.: Suhrkamp.
Peter, B. (2009). Therapeutisches Tertium und hypnotische Rituale. In D. Revenstorf, B. Peter (Hrsg.), Hypnose in Psychotherapie, Psychosomatik und Medizin. Ein Manual für die Praxis (2. Aufl., S. 69–77). Heidelberg: Springer.
Phillips, C., Axelrod, A. (2004). Encyclopedia of Wars. New York: Facts on File.
Pieper, J. (1989). Göttlicher Wahnsinn. Eine Platon-Interpretation. Ostfildern: Schwabenverlag.
Plante, T. G. (2009). Spiritual practices in psychotherapy. Thirteen tools for enhancing psychological health. Washington: APA.
Pollak, T. (2014). Psychoanalyse als Religion? Psyche – Zeitschrift für Psychoanalyse und ihre Anwendungen, 68, 1109–1131.
Poole, R., Cook, C. H. (2011). Praying with a patient constitutes a breach of professional boundaries in psychiatric practice. The British Journal of Psychiatry, 199, 94–98.
Richards, P. S., Sanders, P. W., Lea, T., McBridge, J. A., Allen, G. E. W. (2015). Bringing spiritually oriented psychotherapies into the health care mainstream: A call for a worldwide collaboration. Spirituality in Clinical Practice, 2 (3), 169–179.
Rinpoche, S. (2010). Das tibetische Buch vom Leben und vom Sterben. Ein Schlüssel zum tieferen Verständnis von Leben und Tod. München: Knaur.
Röhl, U. M. S. (2015). Macht Religion krank? Die Frage nach den »ekklesiogenen Neurosen«. Marburg: Tectum.
Rudolf, G. (2015). Wie Menschen sind. Eine Anthropologie aus psychotherapeutischer Sicht. Stuttgart: Schattauer.
Sacks, O. (1994/2015). Migräne (11. Aufl.). Reinbek: Rowohlt.
Scharfetter, C. (1997). Der spirituelle Weg und seine Gefahren (4., erw. Aufl.). Stuttgart: Enke.

Scharfetter, C. (2008). Die Gefahren falsch verstandener Spiritualität. Psychologie heute compact, 19, 51–53.
Schnell, T. (2016). Psychologie des Lebenssinns. Berlin: Springer.
Sheldrake, R. (2018). Die Wiederentdeckung der Spiritualität. 7 Praktiken im Fokus der Wissenschaft. München: Barth.
Singer, C. (1917). The scientific views and visions of Saint Hildegard. In C. Singer (Ed.), Studies in the history and method of science. Oxford: Clarendon Press.
Straub, J. (2016). Religiöser Glaube und säkulare Lebensformen im Dialog: Personale Identität und Kontingenz in pluralistischen Gesellschaften. Gießen: Psychosozial-Verlag.
Swinburne, R. (2006). Gibt es einen Gott? Heusenstamm: Ontos Verlag.
Taylor, C. (2009/2012). Ein säkulares Zeitalter. Frankfurt a. M.: Suhrkamp.
Tiger, L., McGuire, M. (2010). God's Brain. Amherst, New York: Prometheus Books.
Toft, M. D. (2011). God's century. Resurgent religion and global politics. New York: Norton.
Utsch, M. (Hrsg.) (2012). Pathologische Religiosität. Genese, Beispiele, Behandlungsansätze. Stuttgart: Kohlhammer.
Utsch, M., Andersen-Reuster, U., Frick, E., Gross, W., Murken, S., Schouler-Ocak, M., Stotz-Ingenlath, G. (2017). Empfehlungen zum Umgang mit Religiosität und Spiritualität in Psychiatrie und Psychotherapie. Positionspapier der DGPPN. Spiritual Care, 6 (1), 141–146.
Utsch, M., Bonelli, R. M., Pfeifer, S. (2018). Psychotherapie und Spiritualität. Mit existenziellen Konflikten und Transzendenzfragen professionell umgehen (2. Aufl.). Berlin u. a.: Springer.
Vieten, C., Scammel, S., Pilato, R., Ammondson, I., Pargament, K. I., Lukoff, D. (2013). Spiritual and religious competencies for psychologists. Psychology of Religion and Spirituality, 5, 129–144.
Werthmann, A. (1993). Hildegard von Bingen. Narzisstischer Rückzug in eine großartige Bilderwelt. Jahrbuch der Psychoanalyse, 31, 191–222.
Werthmann, A. (2000). Hildegard von Bingen auf der Couch. Visualisieren als narzisstisches Symptom. Psychosozial, 3, 63–74.
Wilber, K. (1988). Die drei Augen der Erkenntnis. Auf dem Weg zu einem neuen Weltbild. München: Kösel.
Wilber, K. (1991). Das Spektrum des Bewusstseins. Eine Synthese östlicher und westlicher Psychologie. Reinbek: Rowohlt.
Wilber, K. (2017). Integrale Spiritualität. Spirituelle Intelligenz rettet die Welt. München: Kösel.
Zwingmann, C., Klein, C., Jeserich, F. (Hrsg.) (2017). Religiosität – die dunkle Seite. Beiträge zur empirischen Religionsforschung. Münster: Waxmann.